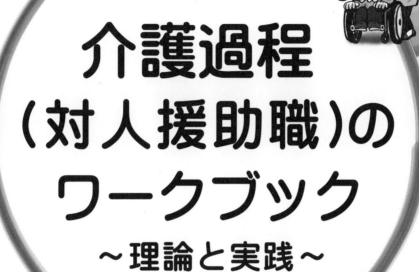

介護過程
（対人援助職）の
ワークブック
～理論と実践～

編著：畠中 義久

あいり出版

執筆者紹介

畠中義久　■一般社団法人たなごころ　理事長　　：編者、1部1章、1部
　　　　　　　　　　　　　　　　　　　　　　　　2章4、5、10

樋口亜瑞佐　■国立大学法人　愛知教育大学大学院　教育学研究科
　　　　　　心理講座　准教授、臨床心理士　　：1部2章1、2、3、
　　　　　　　　　　　　　　　　　　　　　　　　6、7

作田大輔　■医療法人　好寿会　三原病院　心理検査室
　　　　　　臨床心理士　　　　　　　　　　：1部2章8、9、1部
　　　　　　　　　　　　　　　　　　　　　　　　3章

池田有記　■学校法人　駿河学園　姫路ハーベスト医療福祉専門学校
　　　　　　介護福祉士、介護支援専門員　　：2部1章1、2、4、
　　　　　　　　　　　　　　　　　　　　　　　　2部2章1、8、9

水上琴美　■学校法人　清永学園　金沢福祉専門学校
　　　　　　介護福祉士　　　　　　　　　　：2部1章3、2部2章3

中村育子　■社会福祉法人　由寿会　地域包括支援センター　アーバンケア
　　　　　　稲田　看護師　　　　　　　　　：2部2章2、5、6

本山美奈子　■学校法人　久留米ゼミナール専門学校　共生館国際福祉医療カ
　　　　　　レッジ介護福祉士　　　　　　　：2部2章4

久保優希　■久保国際福祉教育事務所、介護福祉士、精神保健福祉士、
　　　　　　介護支援専門員、中学校教諭免許　：2部2章7

高木秀美　■社会福祉法人　療育自立センター　すばる・北斗福祉作業所
　　　　　　介護福祉士　　　　　　　　　　：2部2章10

推薦のことば

　このたび、畠中義久教授が編著者として、福祉・教育現場のフィールドワーカーとともに手がけられました「アクティブ・ラーニング・ワークブック」をご推薦申し上げます。

　現在、福祉、教育、心理分野等の変革の時を迎えている今日であり、そして、天災、人災があとを絶たない最中、まさにきたる時に直面していると捉えることができるといえます。このような時であるからこそ、本書において窺い知れることは、今後、将来に果たして何が一番肝要なのかという示唆を持って、人間が本当に人間として試されているという点において具現化・実践化するべきことが自ずと通底しています。その果実として、本書は、特に、この時代背景を包括しながらも、類書の追随を許さない説得力、普遍性を持ち合わせた稀有なる作品であります。

　畠中教授は、大阪府立　大阪社会事業短期大学（後に大阪府立大学　社会福祉学部、現・人間社会学部　社会福祉学科）を卒業の後、大阪教育大学大学院で修士を修得。実践と理論構築に現在に至るまで福祉、教育、心理分野等にて、約40年間にわたり奉職されています。

　畠中教授の恩師、岡村重夫先生を奈良の老人ホームに訪ねたとき、御自分で焼いた茶碗を私に差し出し、福祉については一言も語られなかった。まるで悟りをえた人であったことを懐かしく思い出します。なのに、私は未練がましく本文を書き、じくじたる気持ちがあります。岡村先生の代筆はできないが、おそらく岡村先生も喜んでくださるか。

　昨今、数多い類書は、目線の高い研究書にみえて実践への情熱が読み取れず飽き足らなさを感じてきました。それが、例えば、幾多の畠中教授の書籍を手にすると、執筆者に現場ワーカーが多く、理論から事例を導き、実際から理論を引き出し、研究と実践が不可分に捉えられていて、心のうちに充実感がひろがるのを覚えます。

　畠中教授の高い学識と実践への温かい眼差しに貫かれた幾多の書籍と、社会福祉実践並びに、その研究・研鑽は、五十年現場で働き、多少理論化を試みた身にとって、推薦するに憚るところはございません。

　何が一体「学問」であり、「実践」といえるのかという、状況を変える鋭いメッセージを内に秘めた、クライエントの方々への支援、対人援助職実務家教員の養成に尽力したい、その一心で上梓された一冊であります。

2019 年 11 月　神奈川県立保健福祉大学 名誉学長
阿部志郎

■はじめに■

〈この「アクティブ・ラーニング・ワークブック」のねらい〉

　既に、さまざまな分野における「教育改革」が進んでいるところにおきまして、児童・高齢者・障がい児者を対象とした「介護」という広義の支援の在り方が、今、まさに問われています。

　特に、福祉、心理、教育、医療、等の分野での対人援助職領域においては、実務家教員養成が必要不可欠な状況であります。しかし、これまでのいわゆる、「座学」（e—learning）方式による、教鞭が未だに残存している状況があり、フィールドワーク（福祉、心理、教育、医療、等の領域）実践に通用することが叶わず、「アクティブ・ラーニング」による各分野での取り組み・現場実践が展開され始めてきました。本当に、漸く始まったかという「実感」が湧き出した、という正直な想いです。

　このたび、広義の「介護」教員、しっかりと明瞭に表現すると、「対人援助職領域・実務家教員」の後継人材養成において、未だにその「テキスト」が存在し得ずの状況であります。これは、掲げられた目標はあるが、方法や手法等が無いという曖昧模糊の状況にあたります。

　そこで、第一部を「各学問領域における理論」、第二部を「各学問領域における実践事例」という、二部構成として、「アクティブ・ラーニング・ワークブック」を編集致すことに相成りました。

　そのもとで、「学び」、「学問」として修得される学生さん方に対して、真のこれからを担われる「実務家教員」、あるいは「対人援助職」の人材として、自分自身の夢、自己実現を修得していただき、将来、または、現在、かかわられている領域で役立てていただくことを念頭に置きました。

　つまり、先に述べたどの領域においても、対人援助職、実務家教員の教育者としての役割を担うことになるのです。そして、各々その領域は異なりますが、さまざまな生活を営む人々、援助・支援を要する人々に対するアプローチにおいて、これらは、必ずその果実を得るものとなるからです。

　この「ワークブック」を通して学び、自分自身のものとして修得いただくことが、ひいては、クライエントと呼ばれる「相談援助・支援」を受けられる方々に対しての、真の社会福祉学、心理学、教育学、医療学などの、フィールドワーク実践であり、まさに、活きた人的支援となることでしょう。

　執筆者一同、より良きご活用、ご活躍を心より希望するところでございます。

　　　　　　　　　　執筆者・編者を代表致しまして　　畠中　義久

■目　次■

推薦のことば

はじめに

第1部　介護過程（対人援助職）の理論　　　　　　　　　　　　－ 1

第1章　対人援助職の基本姿勢　　　　　　　　　　　　－ 1
　1．援助者に求められる態度と資質／ 1
　2．バイスティックの原則／ 3

第2章　力量を高める技法　　　　　　　　　　　　－ 5
　1．自己覚知と他者理解－グループエンカウンター／ 5
　2．面接／ 7
　3．コミュニケーション－マイクロカウンセリング／ 8
　4．記録／ 11
　5．マッピング／ 13
　6．プレゼンテーション／ 14
　7．ファシリテーション／ 16
　8．ネゴシエーション／ 18
　9．ディベート／ 20
　10．評価／ 22

第3章　力量を深める実践モデル　　　　　　　　　　　　－ 25
　1．本人中心（理論）アプローチ－クライエント中心療法／ 25
　2．エコロジカル（理論）アプローチ／ 26
　3．エンパワメント（理論）アプローチ／ 27
　4．行動療法的 (理論) アプローチ／ 28
　5．問題解決（理論）アプローチ／ 29
　6．課題中心（理論）アプローチ／ 30
　7．危機介入（理論）アプローチ／ 31
　8．家族療法的（理論）アプローチ／ 32
　9．構成主義（理論）アプローチ／ 33

第2部　アクティブ・ラーニングを用いた事例展開　　　　– 35

第1章　介護過程の概要　　　　– 35
　1．介護過程とは／35
　2．生活支援の実践／37
　3．ＩＣＦ（国際生活機能分類）／38
　4．連携／42

第2章　演習　　　　– 45
　1．認知症／45
　　事例　自分の居場所を探す女性
　　演習1　個人で考えよう
　　演習2　グループで意見交換しよう
　　演習3　この事例をよりよく分析　してみよう
　　振り返りシート
　2．独居高齢者／54
　　事例　入浴を拒否する独居高齢者の支援
　　演習1　個人で考えよう
　　演習2　グループで意見交換しよう
　　演習3　この事例をよりよく分析してみよう
　　振り返りシート
　3．障害／63
　　事例　あの子は障害者だから
　　演習1　個人で考えよう
　　演習2　グループで意見交換しよう
　　演習3　この事例をよりよく分析してみよう
　　振り返りシート
　4．多職種連携／71
　　事例　思いに寄り添う多職種連携
　　演習1　個人で考えよう
　　演習2　グループで意見交換しよう
　　演習3　この事例をよりよく分析してみよう
　　振り返りシート
　5．地域ケア／79
　　事例　在宅を望まれる高齢者の地域ケア
　　演習1　個人で考えよう

演習2　グループで意見交換しよう

演習3　この事例をよりよく分析してみよう

振り返りシート

6．権利擁護（虐待）／89

　　事例　虐待の疑いのある家族へのアプローチ

　　演習1　個人で考えよう

　　演習2　グループで意見交換しよう

　　演習3　この事例をよりよく分析してみよう

　　振り返りシート

7．障がい児支援／98

　　事例　コミュニケーションに困難をもつ障がい児支援

　　演習1　個人で考えよう

　　演習2　グループで意見交換しよう

　　演習3　この事例をよりよく分析してみよう

　　振り返りシート

8．家族支援／110

　　事例　現状を受け入れられない家族の想い

　　演習1　個人で考えよう

　　演習2　グループで意見交換しよう

　　演習3　この事例をよりよく分析してみよう

　　振り返りシート

9．看取り／119

　　演習　穏やかな最期を迎えたい女性

　　演習1　個人で考えよう

　　演習2　グループで意見交換しよう

　　演習3　この事例をよりよく分析してみよう

　　振り返りシート

10．障がい者支援／128

　　演習　支援者の思い込み

　　演習1　個人で考えよう

　　演習2　グループで意見交換しよう

　　演習3　この事例をよりよく分析してみよう

　　振り返りシート

第1章 対人援助職の基本姿勢

1. 援助者に求められる態度と資質

　対人援助職（相談援助職）というとまず、連想される分野は、児童福祉、高齢者福祉、また障害者福祉などです。しかし、このテキストでは、相談援助職という範囲を大きく捉え、福祉学、保育学、心理学、教育学、看護学領域として学んでいくこととします。

　この考え方の根底には、生活上の困難を抱える人々への援助活動を行なう人々という認識に立って、相談援助職（広義な意味での「ソーシャルワーカー」とも表現できる）という業務に携わるという観点に基づくこととなります。

　社会生活を営む個人や、家族を「生活者」として捉えていき、それらの人々に寄り添いながら、安定した、健全な日常生活の維持や回復のために業務に当たっていくのです。

　このようなことから、援助者に求められる態度と資質ということを考えてみましょう。相談援助職、あるいは対人援助職という仕事は、かかわりを持つ人々の生活、その人の人生や生き方にも当然のことながら、関与していくことであるので、一概に、マニュアル通りにはなり得ません。そして、決められた「答え」というものはないのです。

　その時々の、考えられる最善の「技法」、「アプローチ」、「方法」などで、対処していくことが必要不可欠です。このことは、以下、第Ⅰ部の第1章、第2章において学んでいくこととします。

　援助していくべき個人や、その家族に寄り添いながら、社会資源をよりよく活用して、一緒に困難な状況にあるところの問題解決に向けて、歩んでいくという仕事にほかなりません。

　相談援助職である援助者は、何らかの生活問題を抱えている人々が、安定した主体的で、健全なる生活を維持、回復していくということのために専門的なかかわりを常として、業務に当たるという態度が肝要です。

　その際の、なくてはならない資質が、「受容」、「傾聴」、「共感」ということになります。これらの資質について、それぞれ説明していくこととします。

　まず、「受容」ということですが、次の項で述べる、「バイスティックの7原則」の中にも登場してくることになります。

　ただし、「受容」ということは、「バイスティックの7原則」だけではなく、相談援助職となる援助者が、日常的にまずは、心がけておかなければいけな

い、資質という中での、ひとつの大きな大前提となります。援助していくべき個人や、その家族の問題を現象面で表面的に捉えるのではなく、そこに至るまでの、その人なりの事情を相談援助職である援助者が、感情的にも、受け入れることです。相談援助職である援助者には、援助していくべき個人や、その家族のあるがままの現実（思想・態度・行動を含めて）において、そのまま無条件に受け入れることが求められてきます。「受容」は、相談援助職である援助者にとって、援助していくべき個人や、その家族との信頼関係を築いていくうえでも、とても重要な資質なのです。

　この「受容」という考え方は、人間尊重という基本的価値から導かれたものであるのです。援助していくべき個人や、その家族の独自性とその真価を認め尊重して、援助することといえます。ただし、援助される側が自身を傷つけたり、他に害を及ぼすおそれのある場合などは、相談援助職である援助者として、認められない場合もあります。

　「傾聴」について、これは後から学ぶ「技法」である「面接技法」のひとつです。

　援助していくべき個人や、その家族との効果的コミュニケーションをとっていくための手段といえます。面接時には、援助していくべき個人や、その家族のペースで話してもらえるように配慮するけれど、相談援助職である援助者は、ただ聞いているだけではなく、あいづちを打ったり、援助していくべき個人や、その家族の話す内容に応じて、感じたことを表情に表わしたり、また援助していくべき個人や、その家族の言葉をくり返すことによって、一生懸命に聴いていることを伝えるようにする必要があります。そのためには、相談援助職である援助者が感じていることや、援助していくべき個人や、その家族が伝えたい内容を正確に受けとめることが必要不可欠なのです。

　「共感」について、これも後から学ぶ「技法」である「面接技法」のひとつです。

　援助していくべき個人や、その家族が見たり、考えたり、感じたりしていることについて、相談援助職である援助者が、援助していくべき個人や、その家族の立場から理解をしていくことです。人間は、自己実現をめざしていくうえで、他者に自分自身のものの見方や考え方、生き方といったことを、知的に理解されることよりも、むしろその背景にある感情や考え方のプロセスに対して、共感してもらえることの方を望むと考えられています。面接のプロセスにおいて、援助していくべき個人や、その家族が「理解してもらえた」という手応えは、落ち着きを取り戻して、情緒的安定をもたらしてくれます。

　今日、相談援助職の実践のフィールドは、多種多様となってきており、まさに、相談援助職という範囲を大きく捉え、福祉学、保育学、心理学、教育学、

看護学領域として学んでいかなければならない現状が存在します。格差社会（ホームレス・低所得者）、児童分野だけでない「虐待問題」、メンタルヘルス・バーンアウト予防問題、発達障害などを抱えた家族の問題、地域、学校、職場での人間関係などのさまざまな社会関係からなる人々の生活全体を捉えて、その側面にかかわりながら、主体的な生活を支え、寄り添っていこうとする相談援助職である援助者は、まさに、時代が求める対人援助専門職ということができるのです。

【参考文献】
1．空閑浩人 編著（2011）『ソーシャルワーク入門「相談援助の基盤と専門職」』ミネルヴァ書房
2．山縣文治・柏女霊峰 編集委員代表（2013）『社会福祉用語辞典（第9版）』ミネルヴァ書房
3．白澤正和・福富昌城・牧里毎治・宮城孝編著（2015）『MINERVA 社会福祉士養成テキストブック6巻「相談援助演習」』ミネルヴァ書房

【参考資料】
1．『ソーシャルワーカーの倫理綱領（日本ソーシャルワーカー協会　2005年）』空閑浩人 編著（2011）『ソーシャルワーク入門「相談援助の基盤と専門職」』ミネルヴァ書房　P 90～P 91

2．バイスティックの原則

　相談援助職における援助者が、その援助関係を構築していくために、必要な基本姿勢を明らかに示した原則を、バイスティックの7原則といいます。

　この7つの原則を各介護実践の現場で実現していくためには、自分自身の実践を振り返り、この原則と照らし合わせて、評価・考察・分析を行なうなどの、意識的な努力を積み重ねていくことが必要不可欠なのです。

　たとえば、はじめて相談援助職にかかわる専門科目を学ぶ学生にとって、この7つの原則は、「ありのままの自分」が「相談援助職（広義な意味での「ソーシャルワーカー」）」として成長していくうえで、その進路を示してくれる大いなるスケールということができます。

　さらに、この原則を学ぶことは、それまでに気づいていなかった、自分自身の心の洞察となり、よりよく自分自身を理解する「術（すべ）」を修得させてくれる一助ともなるのです。

　そして、バイスティックは援助関係を、専門的で独自の意味を持つケースワーク（個別支援・個別援助）の魂（soul）であるといいました。加えて、援助ということが生き生きと温かな経験としていく礎となり、その効果を高めるうえでも必要不可欠であると位置づけました。

　相談援助という表現を活用して、言い換えるとすれば、バイスティックの著

書『ケースワークの原則』において、臨床における援助関係の概念を「ケースワーカー（相談援助職における援助者）とクライエント（援助していくべき個人や、その家族）との間で生まれる態度と情緒による力動的な相互作用である」と定義して、その重要性を説きました。面接などの際に、クライエント（援助していくべき個人や、その家族）は、ケースワーカー（相談援助職における援助者）にどのように対応してもらいたいのか、ケースワーカー（相談援助職における援助者）がもつべき姿勢とはどういうことなのか、という考え方からケースワーク（個別支援・個別援助）における7つの原則を明らかにしたのです。

　ケースワーク（個別支援・個別援助）における援助者の基本的かかわりとは、クライエント（援助していくべき個人や、その家族）をかけがえのない存在として尊重すること。人間としての温かいかかわりで接すること。専門家として冷静かつ客観的な視点をもつこと。クライエント（援助していくべき個人や、その家族）は、問題を解決する力がある存在であると肯定的に捉えることなどが重要となってきます。しかしながら、ケースワーカー（相談援助職における援助者）とて、人間である以上、完璧なる存在ではないので、より一層、自分自身の価値観や態度、行動パターンなどをよりよく理解することが求められます。第2章で学ぶ「自己覚知」をすることで、よりよい信頼関係を築くことができるのです。

　先ほど、（1）項で援助者として求められる資質としても述べましたが、「受容」、「傾聴」、「共感」ということを根底に置き、謙虚な姿勢で相談援助にあたることが、望ましいといえるでしょう。

●表1-1　バイスティックの7つの原則

1. 個別化の原則…相手を世界でただ一人の人間として捉える。
2. 意図的な感情表現の原則…相手の感情表現を大事にする。
3. 統制された情緒的関与の原則…自分は自分の感情を自覚して吟味する。
4. 受容の原則…受け入れる。
5. 非審判的態度の原則…相手を一方的に非難しない。
6. 自己決定の原則…相手の自己決定を促して尊重する。
7. 秘密保持の原則…秘密を保持して信頼感を醸成する。

【参考文献】
1．空閑浩人 編著（2011）『ソーシャルワーク入門「相談援助の基盤と専門職」』ミネルヴァ書房
※　山縣文治・柏女霊峰 編集委員代表（2013）『社会福祉用語辞典（第9版）』ミネルヴァ書房
3．福祉臨床シリーズ編集委員会編（2014）『社会福祉士シリーズ21巻「相談援助演習」』弘文堂
4．白澤正和・福富昌城・牧里毎治・宮城孝編著（2015）『MINERVA 社会福祉士養成テキストブック6巻「相談援助演習」』ミネルヴァ書房

第2章　力量を高める技法

1．自己覚知と他者理解－グループ・エンカウンター

　自己覚知[※1]とは、自分自身がもともと持っている価値観や信念、他者と関わる中で生まれる感情に気づきを持ち、理解することをいいます。対人援助において、自己覚知はあらゆる援助行為の基盤となり、この基盤のもとに他者理解は成り立つといえます。言い換えれば、自分のことを知らずして他者を理解するということは不可能なのです。自分自身のことをよく知ろうとしない援助者に対して、利用者は自分自身を知ってもらおうという意欲や信頼感を抱くことができるでしょうか。

　対人援助をするうえで、自己覚知を日頃から意識的に実践し、それを踏まえて他者理解を深めていくことがより良い援助行為を可能にします。

　そこで、自己覚知を可能にするやり方にはさまざまなものがありますが、そのうちのひとつにあるのがグループ・エンカウンターです。

（1）グループ・エンカウンター

　野島（2000）[※1]によれば、グループ・エンカウンターとは1969年にRogers、C.C.のもとで学んだ畠瀬によって行なわれたものが最初であり、①ベーシックエンカウンター・グループ、②構成的エンカウンター・グループ（本節ではグループ・エンカウンター）という2つのタイプが存在します。グループ・エンカウンターとは集団療法の一技法で、その目的はグループの成長や訓練、あるいは治療効果をもたらすなどさまざまです。心理臨床学的な立場から野島（2011）[※2]は、その定義を「自己成長をめざす、あるいは問題・悩みをもつ複数の対象者に対し、一人または複数の集団担当者が言語的コミュニケーション、活動、人間関係、集団内相互作用などを通して心理的に援助していく営みである」としています。現在まで主に教育現場において不登校予防や学級集団作りの導入などで積極的に活用されており、一定の効果をあげています。

　具体的には、目的（成長、訓練あるいは治療）を明確にした集団（編成は一定メンバーあるいは変動制、一定メンバーでクローズドにするのか出入りを自由にするなど）が、場面設定（時間枠、場所、空間／配置、頻度／回数）をしたうえで、テーマを扱う（話し合う、活動／作業の実施をするなど）営みを指します。やり方として、明確に構造化されたもの、半構造化、非構造化などがあり、目的やメンバーの状態に応じてカスタマイズを行なうことも可能です。

実施するうえで、教員などファシリテーションの担当者を据え、担当者はグループ全体・グループの個々人を捉える視点をもち、安心・安全な雰囲気作りに努めることが重要になります。

　たとえば授業で得た学びや、学外実習を通じて感じたことをテーマにした場合、そのことについて語ったメンバーに対して、ほかのメンバーは感じたことや共感できる点などを言語化して伝えます。ファシリテーターはその場でサポーティブに機能することが求められ、誰かがスケープゴートになることのないよう配慮したり、話が展開し過ぎてメンバーのこころに不当に負荷がかかりそうな場合はブレーキをかけてバランスを保ったりと、臨機応変に働きかけをすることが望ましいとされます（ファシリテーターの役割については本節7「ファシリテーション」の項で詳しく述べます）。

(2) グループ・エンカウンターの効果

　あるテーマについて自分自身の想いを率直に言語化し、それに関する他者からのコメントを受け取ることは、他者が自分の言葉をどう受け取ったのかを知る有用な手段です。コメントの内容によっては、自分でも気がつかなかった新たな考え方や感覚に触れる機会になるでしょう。他者が自分の言葉をどう受け取り、どう印象作ったのかを知ることで、他者視点からの自己理解が深まります。この自己理解こそ自己覚知だといえます。それによって自分自身がどのように振る舞い、他者理解することがより良い対人援助につながるのかを考えられます。このようにグループ・エンカウンターの効果にはさまざまなものがあります。とりわけ他者を理解して温かな助言をすることによる他者援助における自己効力感、意欲の高まりの生成は特筆すべき点です。

　なお、注意したい点として、できるだけファシリテーションを行なうスキルのある先輩あるいは教員など、客観的な視点・サポートがあるうえでまずトレーニングしていくことが望ましいでしょう。それはグループ・エンカウンターがそれだけ個人の率直な感情に触れる体験型ワークであり、しっかりとその感情を収めることをもって完結するものだからです。

　こうしてグループ・エンカウンターを有効活用することによって、実習体験や日常の学習をより有意義なものにすることが可能になります。

【文献】
＊1　野島一彦（2000）日本におけるエンカウンター・グループの実践と研究の展開：197-1999. 九州大学心理学研究. 第1巻. pp11-19.
＊2　野島一彦（2011）集団療法. 心理臨床学事典. 日本心理臨床学会編. 丸善出版. p60.

2．面接

　面接[※1]と会話は似て非なるものですが、ではどこに相違点があ
るでしょう。面接には主訴があり、その解決を図るなどの目的を
持ってなされるものです。ですが日常会話は特に主訴を持たず単に
話すだけといったように、必ずしも問題解決を目的にしているとは
限りません。また、面接は面接者が被面接者の語りにじっくり寄り
添い傾聴するものである一方、日常会話はそうした役割はありません。また面
接のように明確な目的に沿った話の展開と違い、日常会話においてお互いの語
りは自由かつ無限な拡がりを見せます。このように面接と日常会話とは、いず
れも人間同士の交流という点で同様ですが、その性質は全く異なるものです。
面接にはほかにも特長的な点がいくつかあります。

注※1 Barker,R.L.（1999,p252.）は、面接を「事前に決められた目的に向かって生するコミュニケーションの中にいる人々の間の面談。ソーシャルワーカーとクライエントの間の面接の場合には代表的な目的は一種の問題解決」としています。

（1）面接の構造

　面接は通常、物理的な場を一定に設定し、時間や頻度あるいは料金や期間と
いう枠組みを相互に了解して実施されることがスタンダードです。斎藤
（1992）[※1]はこのような条件を設定して面接を構造化することの意味について
「目に見えない心が心に働きかけて作用し合うことが十分可能になるのは、ほ
かでもない堅固な枠、はっきり認識できる構造の中においてである」と述べて
います。面接空間は被面接者の想いを丁寧に扱うことを可能にする、他者から
侵入される可能性のある日常生活場面とは大きく異なる、物理的・心理的に守
られた非現実空間です。そのため、主訴を持つ被面接者は安心・安全な感覚を
担保され、面接者に対して率直な想いを持って相談することができると言えま
す。

　このような面接構造という大きな枠組みは絶対的制限と言われ、面接におけ
る相互的やり取りの中で設定される枠組み（たとえば被面接者が子どもの場
合、遊戯療法が一般的です。遊びの際に子どもには面接者を傷付ける、部屋の
備品を壊す・持ち帰る、といった行為がタブーであると事前説明がなされま
す）は相対的制限と言われます。こうした制限があってこそ、面接者は被面接
者を抱えられ、主訴の問題解決を共に扱えるのです。

（2）面接の種類および形態

　面接にはさまざまな種類が存在します。大きく2つに大別すると調査的面接
と、治療的面接に区分されます。米本（2015）[※2]は、さらにこの2つのほかに
「社会福祉の実践を広くとらえたときにもう一つとして媒介的面接を加えた
い」と指摘します。媒介的面接とは同氏によれば、「具体的サービスの提供場
面において、そのサービスが円滑に行えるようにクライエントとソーシャル
ワーカーの関係を媒介する面接」です。

　調査的面接は被面接者に関する情報を収集することが主な目的になります。一方で治療的面接は明確な主訴に基づいてその問題解決を図ることが目的です。このように調査的面接と治療的面接のありようは異なりますが、いずれも根底に信頼関係があってこそ正確な情報が引き出されたり、情緒的安定が保たれたりして生きてくるものです。

　また面接においてその形態もさまざまです。ある程度質問内容や質問順序を統制したやり方にするのか、内容も多面的な質問を盛り込んで順序も臨機応変にカスタマイズするのか、その幅はいろいろでしょう。これを面接の内容とすると、その面接をどこで実施するのかという面接の場の問題があります。面接の場を面接室などに固定するのか、被面接者の状況に応じてフレキシブルに設定するのか（たとえば、ベッドサイドや居室、談話室・応接室といったように）、被面接者の状態や相談内容によって場の形態の変化もします。

　この面接の内容と場にはそれぞれ、「構造化・半構造化・非構造化」の3水準があります。例えば事前に決められた質問内容について、定まった順序をもって面接室で実施する面接の場合、限局的でリジッドな構造化面接であると言えます。一方で、質問内容や順序を事前に定めず、被面接者の状態に応じてその場で作り出すやり方をベッドサイドや廊下といった場で実践する場合、非常に柔軟な非構造化面接だと言えるでしょう。

　このように内容と場の相関によって、面接にはさまざまなあり方が存在します。どういった面接を実施するのかは、面接者が被面接者をどのようにアセスメントするのかが基盤になります。適切なアセスメントのもとで、被面接者の状態やニーズにかなう面接を実施・提供することが望ましく、その根幹をなすスキルはやはり被面接者の語りを丁寧にうかがう「傾聴」スキルであると筆者は考えます。

【文献】
＊1　斎藤久美子（1992）　面接 - 面接の構造条件とその意味 -. 心理臨床大辞典. 培風館. p174.
＊2　米本秀仁（2015）　MINERVA 社会福祉士養成テキストブック 6. 相談援助演習　第4章ソーシャルワーカーに必要な面接の技術. ミネルヴァ書房. pp67-70.

3．コミュニケーション－マイクロカウンセリング

　人が意思や感情、思考を他者へ伝達することをコミュニケーションと言います。言語やジェスチャー、文字などがその媒体として活用されますが、実際のところ最も多くコミュニケーション手段として用いられるツールは何でしょうか。おそらく多くの学生にとって、それは SNS[※1]なのかもしれません。SNS

が普及し、インターネット上で他者とコミュニケーションを取ることが日常的となり、私たちにとってコミュニケーションのあり方そのものが変化していると言えるでしょう。かつてコミュニケーションと言えば会話や対話といった直接的交流、あるいは電話やFAX、手紙のような機器や紙面を媒体にした間接的交流が主でした。そこへ電子メールといったインターネット関連ツールが一般的なコミュニケーション手段として加わり、他者の表情を見ながら直接会話をもってコミュニケーションを取る機会は失われつつあるのかもしれません。

　このようにコミュニケーションのあり方そのものが変化する中、改めて相談援助におけるコミュニケーションを考えたとき、礎にあるのはやはり他者との直接的交流だと筆者は考えます。SNSにまで展開した不特定多数との間接的交流はあくまでコミュニケーションの応用版であって、直接的交流をなくして相談援助業務のスキルを高め、援助者として成長することはできません。なぜなら相談援助におけるコミュニケーションとは、特定他者の視点に立って自分の意思や感情を適切に伝達してこそ成立するからです。これに関連して丹治(2013)[1]は、コミュニケーションを実践するためのグループワークの取り組みにおいて、「人は対人関係の中で人格的成長を遂げる」と指摘します。また谷川(2013)[2]は、現職のソーシャルワーカーが学生に求めるスキルのうちの筆頭が、コミュニケーション技術（利用者理解と信頼関係の樹立のため、自己理解とコミュニケーション技術をベースとした基本的な人間理解、人間関係の作り方）であると述べています。

　またコミュニケーションに関連して、さまざまなカウンセリング技法を知り、そのエッセンスを身に着けることも有効です。そこで、カウンセリングの基本モデルであるマイクロカウンセリング[2]というものがあります。玉瀬(2014)[3]は、「あらゆる理論的立場を超えてかなり普遍的に多くのカウンセラー・心理療法家が用いている基本的な技法を抽出し、それを系統的に積み上げたもの」として、アイビィの創案した「マイクロ階層表」（玉瀬、2008）[4]を紹介しています。さまざまな技法に特化したモデリングを行ない、すぐに実習へ移して相互にフィードバックを行なうと効果的であり、コミュニケーションスキルのアップにつながると考えられています。

(1) コミュニケーションをとるうえで大切なこと

　黒川・林(2012)[5]は、大学生を被検者に実施したポスタープレゼンテーションによる実践研究を行ないました。そこでコミュニケーション上の重要なポイントとして「表現・伝達能力はもちろんのこと、その基幹となる論理的な思考能力の必要性」を被検者自身が気づいた点を指摘します。またコミュニ

注※1 ソーシャルネットワーキングサービス(Social Net working Servise)の略。インターネット上でのコミュニケーションを可能にする、社会的ネットワークを構築するサービスの総称のことです。特に利用者が多いもので、首相官邸でも情報発信に使用されているFaceBookやTwitter、LINEなどが挙げられます。

注※2 マイクロとはごく小さい単位を示す表現であり、マイクロカウンセリングとはカウンセリングの基本モデルのことをこのように言います。コミュニケーションの形態をそれぞれ「技法」とし、目に見える形で習得できるとしています。

ケーションとは大きく2つに大別され、関根（2002）[*6]はそれを「受け取るスキルと伝えるスキル」だと指摘します。受け取る、伝えるという双方向のやり取りこそがコミュニケーションであり、上手いコミュニケーションとは双方向のやり取りに発展するものを指します。

　上手いコミュニケーションを実施するには、まず相手の意思の伝達を適切に受け取ること、（6.のプレゼンテーションのところでも述べますが）自分が伝えたいことについてあくまで他者の視点に立ち、わかりよく伝えるための努力をもって伝達することです。こうした配慮が円滑なやり取りを生み出すことを可能にします。双方向のやり取に発展するには、相手がこちらへリアクションをしやすい態度や雰囲気、表現の仕方、であることは言うまでもありません。

(2) コミュニケーションのスキルアップのために

　コミュニケーションを取るスキルをアップすること、すなわち思考を相手に適切に伝達する力を伸ばすにはどうしたらいいでしょうか。それには①自分の伝えたい思考を端的に表現できること、②いきなり本題に入るのではなく、相手にとって興味を持ちやすい例から自分の意見を示すこと、③相手の疑問に適切に答えられるための素地（知識）をもっておくこと、④相手の応答にしっかりと寄り添うこと、の4点が重要だと筆者は考えます。特に④に関連するものとして、前述した関根（2002）は「一所懸命に聴く」のではなく、「視線をあわせる」「うなずく」「あいづちをうつ」「表情を豊かに」などの行動を指摘しています。

　「一所懸命に聴く」という行為はコミュニケーションを取るうえで重要ですが、これが主観的な達成感に終始しているようではコミュニケーションとして成立しているとは言えません。あくまで相手が主観的体験として「聴いてもらっている」と感じられるかが問題です。視線の重なり、うなづき、あいづちといった「コミュニケートされている」と相手が感じることのできる動きも含めたうえで、トレーニングの段階では第三者による客観的意見・評価が重要です。

【文献】
＊1　丹治光浩（2010）大学生の自己理解を目的としたグループワークの開発．花園大学社会福祉学部研究紀要．第18号．pp1-15.
＊2　谷川和昭（2013）社会福祉士シリーズ　ソーシャルワーク演習21．相談援助演習．弘文堂．p208.
＊3　玉瀬耕治（2014）マイクロカウンセリングから発達カウンセリング・心理療法へ．帝塚山学院大学心理学部紀要．第3号．pp1-9.
＊4　玉瀬耕治（2008）カウンセリング技法を学ぶ．有斐閣．p56.
＊5　黒川マキ・林徳治（2012）大学生のコミュニケーション能力の改善が主体性に及ぼす効果の実証研究（3）．日本教育情報学会第28回年会抄録集．pp242-243.
＊6　関根剛（2002）コミュニケーション・スキルをどう育てるか．大分看護科学研究3（2）．pp48-50.

4．記録

(1) 記録の意義

　相談援助の実践において、得た経験を理論的に体系化する際には、その実践のプロセスである記録がとても重要な要素となります。そして、その記録が相談援助実践の質を向上させていくことにつながっていくのです。

　岩間は、「ソーシャルワーカー（相談援助職としての援助者）がその使命を果たし、より効果的なサービスを提供するための実践が、記録の作成抜きには成立しない」と述べています[*1]。また、ティムズ（Timms、N.）（1989）は、ソーシャルワーク（相談援助）の記録の意義について述べている中で、クライエント（援助していくべき個人や、その家族）への間接的利益として、記録をすることがソーシャルワーカー（相談援助職としての援助者）の援助の資質の向上につながると表現しています。記録の成果として、相談援助の状況の個別化の一助になるということなのです。

　さらに、ティムズ（Timms、N.）は記録を行なうことで、「ある状況における要素を分類して検討する助けとなり、それら要素の全体状況に対する関係を見分ける助けとなる」ともいっています[*2]。

(2) 記録の目的

　記録の目的について、對馬節子は、①援助実践の自己内省、②業務・援助の情報についての管理・確認、③調査・研究、④教育・訓練、と４つに区分したうえで、さらに、それぞれについて、ミクロ・メゾ・マクロの認知範囲によって、記録の種類を分類しています[*3]。

　相談援助職としての援助者は、さまざまな記録がどのような目的のために活用されるのかということを把握しておき、そのためにはどういう記録を書く必要があるのかということを考えておかなければなりません。そして、その記録が、相談援助のプロセスにおいて、効果的に活用されたのかということの確認を施して、さらに記録を行なっていく必要があります。つまり、最終的には、①利用者へのよりよい援助のため。②ソーシャルワーカー（相談援助職としての援助者）の専門性の向上のため。③社会福祉施設や、幼稚園、学校、そして各種機関などの社会的責任のため。

　これらを包括して、地域社会や一般市民に対しての「説明責任（アカウンタビリティ）」[*1]を行ない、その理解をいただく際にも大切な資料となります。この時に配慮しておかなければいけないことは、利用者の個人情報保護ということになるのです。

注※1 説明責任（アカウンタビリティ：accountability）⇒　社会福祉サービスを含め、行政活動一般について、議会、住民に対して自らの行動の弁明を行なう説明責任と解釈されるようになり、さらに国民に対して包括的・応答的に行政活動を行なっていく責任として位置づけられるようになるなど、その概念は多様的になっています。

(3) 記録の種類

①相談援助職としての援助者の記録

　日常の「業務記録」、「ケース記録」、「経過記録」、「報告書」、「通信記録」などがあります。これらは、いうまでもなく、記録の根幹といえます。

②利用者の記録

　利用者つまり、援助していくべき個人や、その家族の方たちが記録したものとなります。この中には、連絡帳や、文集・報告書など、援助者が確認しても大丈夫な記録と、援助者が通常は確認できない、利用者自身が書かれた日記、作文、その他の記録に区分されます。

③他の専門職の記録

　相談援助実践において、多くの専門職との共同作業が伴ってきます。福祉のみならず、心理、医療、保健、教育、などの他の専門職の記録を、ケース会議などの際に閲覧することがあります。かえって重要な記録であり、示唆を与えてくれる場合も少なくありません。

(4) 記録の方法

　記録方法には、筆記による方法、あるいは録画・録音という機器による方法があります。ここでは、特に筆記による方法について、説明します。

①逐語記録（過程叙述体）

　面接で起こった、ありのままの事実を時間の経過に従ってそのまま記していく記録で、利用者つまり、援助していく個人や、その家族の方たちと、相談援助職の発言、表情、その他の事象をできる限り忠実に再現して記録する方法をいいます。

　初めて記録を書く場合には要約を行なうことが難しく、逐語記録を用いることが多くなります。また、スーパービジョンや研修において活用されることも多いです。

②圧縮叙述体

　面接の中で起こったありのままの事実を時間の経過に従って、記述していく方法ですが、逐語記録などとは違い、要点を圧縮し短くして記述する方法です。面接記録に広く用いられる方法です。要点をもれなく簡潔に圧縮していくことが求められます。

③要約体

　要約体は、事実を時間の経過とともに記録するのではなく、事実のポイントを整理して記録した方法です。この方法は、生活歴や長い経過のケースをカンファレンス（会議）等に出す場合など、ケースをまとめ直す場合に用いられます。

④説明体

　説明体は事実を相談援助職が解釈、意味付けして説明する方法で、あくまで

も事実の説明です。説明体で記録を行なう場合には、それが相談援助職の解釈や意見であることを明記する必要があります。

(5) 記録するうえでの留意点

　面接記録を記述するときには、事実をできるだけ正確に書き表わすことが求められ
ます。そのために、必要なものが観察力と表現力なのです。また、面接中に起こったことを分析し、まとめる力も必要となってきます。

　また、相談援助職の主観的判断（意見・見解）と、客観的事実が曖昧に混同されて記述されることは、最も避けなければなりません。

　主観的判断（意見・見解）と客観的事実を明確に区別して、記述することができるように日常的に心がけておく必要があります。

【引用文献】
　＊1　岩間文雄編著（2006）『ソーシャルワーク記録の研究と実際』相川書房、2頁
　＊2　N・ティムズ／久保紘章・佐藤豊道・佐藤あや子共訳（1989）『ソーシャルワークの記録』相川書房、42頁〜43頁
　＊3　對馬節子（2010）「相談援助のための記録の技術」、社会福祉士養成講座編集委員会編『新・社会福祉士養成講座7　相談援助の理論と方法Ⅰ第2版』中央法規、264頁〜277頁

【参考文献】
　1．福祉臨床シリーズ編集委員会編（2014）『社会福祉士シリーズ21巻「相談援助演習」』弘文堂
　2．山縣文治・柏女霊峰　編集委員代表（2013）『社会福祉用語辞典（第9版）』ミネルヴァ書房
　3．山辺朗子著（2013）『ワークブック 社会福祉援助技術演習 2巻「個人とのソーシャルワーク」』ミネルヴァ書房
　4．白澤正和・福富昌城・牧里毎治・宮城孝編著（2015）『MINERVA 社会福祉士養成テキストブック6巻「相談援助演習」』ミネルヴァ書房
　5．植田章編著（2011）『シードブック 相談援助演習』建帛社

5．マッピング

　今までの社会福祉援助技術理論・演習の変革によって、より一層、人と環境との相互作用の観点から、「生活モデル」※1 が活用されるようになってきました。その中での有効的実践技法のひとつとして「ジェノグラム」や「ファミリーマップ」、「エコマップ」というマッピングの技法があります。私たちの暮らしの中を総称すると環境といえます。環境は、自然環境、社会的環境、家族環境、人的環境、などに分類されます。

注※1 生活モデル⇒　心理療法を中心とする医学モデルに対して、ジャーメイン（Germain、C.）やギッターマン（Gitterman、A.）らが「人と環境の相互作用」に着目し、提唱した形態。個人や家族を取り巻く環境間の不適切なかかわり上の対応力を高めようとするもの。

　そして、それぞれが、私たちの生活や生き方にさまざまな影響を与えています。この技法では、特に、社会的環境や人的環境ということに着目し、図と線、記号を使って、それぞれとの関係性を表現して、自分が生きている環境と

自分自身との繋がりについて、修得していきましょう。

　相談援助（ソーシャルワーク）の領域では、このように環境との関係性・相関性を一定の様式で図示する技法を、マッピングといい、援助していくべき個人や、その家族の相互関係、社会資源など、援助していくべき個人を取り巻く環境についての関係を可視的に表現していき、援助におけるプロセスが、より有効に手段として認識されてきています。マッピングの代表的なものして、ジェノグラム（家族関係図：世代間の関係を図示）、ファミリーマップ（家族図：家族関係を図示）、エコマップ（生態地図：援助していくべき個人や、その家族と環境との関係を図示）などがあります。これらのマッピング技法を、相談援助を進めていくひとつの技法として学んでいきましょう。

　マッピング技法の特徴は、複雑な関係性を一目で可視的に表現することにより、全体的にわかりやすく修得することができるということ。それによって、個々人が主観的に理解してしまいがちな情報について、複数の人たちによって共通のイメージを共有しやすいということなどがあげられます。

　しかし、他方では、関係性の持つ複雑さや単純な図や線、記号だけで表わすには限界があり、図や線、記号だけでは表わしきれない関係性を、より詳細に理解してもらえるような、解説を書き加えることも当然、必要となってくることがあるということを意識しておかなければいけないでしょう。

【参考文献】
　1．福祉臨床シリーズ編集委員会編（2014）『社会福祉士シリーズ21巻「相談援助演習」』弘文堂
　2．山縣文治・柏女霊峰　編集委員代表（2013）『社会福祉用語辞典（第9版）』ミネルヴァ書房
　3．山田容著（2013）『ワークブック 社会福祉援助技術演習 1巻「対人援助の基礎」』ミネルヴァ書房
　4．白澤正和・福富昌城・牧里毎治・宮城孝編著（2015）『MINERVA社会福祉士養成テキストブック6巻「相談援助演習」』ミネルヴァ書房

6．プレゼンテーション

　プレゼンテーション[※1]は、商品説明や企画趣旨の提示などといったビジネス場面において使用される用語として知られます。ですが現在では教育現場においても、あるテーマについて紙媒体・パソコン機器等を用いてプレゼンテーション形式で問題提起し、それに関する情報を収集したうえで、結果や考察を提示・報告するやり方が日常的になりました。小学生がこうしたプレゼンテーション形式で学習発表を行ない、そのスキルの優劣を争うということも珍しくありません。大学などの高等教育機関では、通常講義においてはもちろん、学外実習の学びをゼミの中でプレゼンテーションし、その成果を共有し合う機会も多くあるのではないでしょうか。

注※1 正しい情報を、それを求める他者に対し必要時に適切な形で適切な場所において伝えることが原義です。

　プレゼンテーションとは他者に対してこちらの意図を正しく理解・納得してもらうということがねらいです。決して自己主張や主観的意見の押しつけにならないよう、知識はもちろんのこと、十分な準備と伝え方における配慮、臨機応変さといった他者視点からテーマを見る力が求められます。

　つまり、自分だけが了解可能な説得ではなく、相手・他者にとってわかりよく、納得のいく内容を用意し、お互いがそのテーマの本質について理解し合う契機であることがプレゼンテーションです。他者視点からテーマを見ることの出来る力が求められるという点で考えると、プレゼンテーションのスキルは相談援助を行なう者において求められる資質にも深く関わってくると言えるでしょう。

（1）プレゼンテーションの実施準備として

　プレゼンテーションを実施するうえで配慮すべき点がいくつかあります。それは①テーマが明確であること、②聞き手の属性／モチベーションやニーズを事前に把握しておくこと、③プレゼンテーションの流れ（フレーム）の提示がされること、でしょう。まずテーマが明確なものであることは必須条件です。たとえば「援助職とは」のような抽象的なテーマになる場合、「○○領域のインタビューから」「○□現場の事例をもとに」などとサブタイトルを明示するといった工夫によって、聞き手の理解をサポートすることにつながります。そして聞き手の属性／モチベーションやニーズとは年齢や性別はもちろん、学んでいる専攻領域や、理解力／イメージ力といった個人内能力、何よりプレゼンテーションするテーマに対する興味関心の度合いです。年齢発達や個々人の理解力・イメージ力を適切に把握しそれに見合った話し方や用語をもちいて説明をすることは内容を正しく伝えるうえで非常に重要です。こうした配慮は結果的に聞き手に対して「プレゼンターはこちらに伝えようとしてくれている」という印象をもたらし、テーマに対する興味関心をアップさせるでしょう。

　これに関連して黒木（2015）[*1]は、プレゼンテーションを実施するうえで次の「3P」が必須の条件であると指摘します。この「3P」とは、①プログラム（program）、②プレゼンテーションスキル（presentation skill）、③パーソナリティ（personality）です。①は説明資料のことであり、筆者が前述した①と同義です。②は話し方・伝え方の配慮や工夫のことであり、これを適切に実施するうえで、配布資料の作成の仕方やプレゼンテーションツールの扱いを習得しておくことは必要条件でしょう。③は筆者が前述した②が聞き手に関するデータとは対比して、プレゼンターに関するデータのことです。

　プレゼンターの人柄や態度は聞き手におけるプレゼンテーションの印象形成において大きな影響を及ぼすと言えるでしょう。そのため「聞き手にとって自分はどう映っているのか」を常に俯瞰する姿勢があると望ましいと言えます。

（2）プレゼンテーションを効果的なものにするために

　以上のことを踏まえたうえで、プレゼンテーションをより効果的に行なうにはどうしたらいいでしょうか。そこでプレゼンターとしての自分を客観的に知るうえで、事前に聞き手役を他者に依頼してプレゼンテーションのロールプレイをすることは効果的だと言えるでしょう。ロールプレイの中で、聞き手に対して質問を求めるタイミングをどこに入れ込むとより議論が深まるかなどは、他者の意見も含めて事前に練っておくと実践に生きてくると言えます。何より「自分の話し方、表現はわかりやすいと言えるだろうか」「自分の第一印象は清潔感があり、誠実な感じを与えるだろうか」といった疑問について、聞き手役に自分の印象をうかがうことでプレゼンターとしての自分を改めて捉え直すことにつながります。資料や知識が優れていても自分だけが理解できる内容であるのならそれはプレゼンテーションとは言えません。あくまで他者の視点に立ち、わかりよく伝えるための努力が重要です。

　これに関連して、平木（2009）[*2]は「自分も相手も大切にした自己表現」として、「アサーティブ（Assertive）」[*2]という表現を用いています。このアサーティブとは、自分自身が主体的に表現をすると同時に相手の人権や自由を尊重するという、他者視点に立った主張のあり方でありプレゼンテーションに通底する概念です。また同氏はアサーションを効果的にするうえで言語的表現と非言語的表現の有効活用を指摘します。プレゼンテーションは言語的表現はもちろん、非言語的表現（表情、ジェスチャーなど）も相手の理解を促します。前述したロールプレイなどを用いて自分に関する客観的な印象を知ることが望ましいでしょう。

注※2 アサーティブ（Assertive）とはアサーション（Assertion）に基づいた自己表現のあり方。自分も相手も大切にしながら、率直に自分の意見や気持ちを相手に対して適切に伝えるという手法です。

【引用文献】
* 1　黒木保博（2015）．MINERVA 社会福祉士養成テキストブック6．第1章 相談援助演習プレゼンテーションの進め方．ミネルヴァ書房．pp16-17.
* 2　平木典子（2009）．改訂版アサーショントレーニング - さわやかな〈自己表現〉のために -．金子書房.

7．ファシリテーション

　ファシリテーション[※1]とは、チームや組織において参加者の参加を促し、意見を活発化させ、チームや組織自身が意見を集約・整理していくことです。つまりそれは、チームや組織における効果的で効率的な合意形成・相互理解サポートのあり方で、これを行なう立場の人をファシリテーターと呼びます。ビジネスシーンなどでは会議やワークショップなどを有意義なものにするために意図的にファシリテーターを据えることがあります。

注※1「支援・促進」を意味するFacilitate が語源です。チームや組織の活動をよりよくするためのメンバー同士のコミュニケーションをサポートすることがファシリテーションです。ファシリテーションを行なう人をファシリテーターと呼び、これは本節の（1）の項で紹介したグループ・エンカウンターのようなグループプロセスを支える立場の人をさします。

　ファシリテーションとは意見を述べる、あるいは意見を取りまとめるという行為そのものではありません。あくまで「意見が活発に出される」「意見が最終的にまとまる」ように働きかけを行なうことです。

(1) ファシリテーションをしていくうえで

　チームのメンバーや組織の構成員があるテーマについてまず「考える」よう働きかけることがファシリテーションの基礎です。そこで「これは○○でよいでしょうか?」のような、いわゆる「Yes/No」で答えられるクローズドクエスチョン（閉ざされた質問）では、「考える」ことはもちろん議論の展開を妨げてしまいます。ファシリテーションの基礎として、まずは「○○についてどんな意見をお持ちですか?」といったオープンクエスチョン（開かれた質問）を用い、参加者それぞれに考えてもらい、個々の自由な意見を出してもらうと有効です。ですが、ただオープンクエスチョンをして行けば効果的であるというわけでもありません。

　桑畑 (2013)[*1] によれば、ファシリテーターのやってしまいがちな過ちである、ダメなオープンクエスチョンとして「テーマだけ示したあとに『どうですか?』と聞くやり方」を指摘します。問われた方の立場に立ってみれば、問題解決の場で議題だけを説明され、そこで「どうですか?」といきなり問われても、個人の意見・感想を述べればいいのか、問題の原因あるいは解決策に関する考えを述べればいいのか判断しかねることでしょう。では、こうしたダメなオープンクエスチョンに陥らないために、どういった工夫や配慮が必要になるのでしょうか。

(2) ファシリテーションにおける工夫と配慮

　くり返しになりますが、ファシリテーションの目的はテーマの答えを導き出すこと以上に、「考える」ことを促し、多くの個人的意見を引き出すことです。そのための工夫や配慮として、「場」の作り方と「意見・感想」の引き出し方、大きく2つの点について言えることがあります。

　まず「雰囲気・場」の作り方ですが、いきなりテーマに入るのではなく、話のしやすい雰囲気を作り出すことが必要です。具体的には自己紹介を含め各々の今興味のあること、意外だと思われそうな趣味・特技を30秒〜1分程度で話してもらうなどすると、個々人への興味関心が生まれ、その後の話も傾聴してみようというモチベーションアップが期待できます。そして、場の構成は心理的距離に配慮する、という点が重要です。釘山 (2012)[*2] は、場の雰囲気が机の配置によって影響されることについて、「ロの字型に机を並べるのではなく、長い机を2つ並べて"島"を作ります。この島型の机の並べ方が、参加者同士の関係を密にします」と述べています。これにはロの字型にすると中央の空いた空間は実は「見えない壁」になるリスクがあるためだそうです。

　そして、「意見・感想」の引き出し方ですが、意見・感想を発言だけではなく、書面に書くなどの方法で提出してもらうというやり方があります。これは集団を前に話をすることが苦手な人にも負荷の少ない表現法です。また、「5W2H」を活用する、という点もあります。5W が「When（いつ）」「Where（どこで）」「Who（だれが）」「What（なにを）」「Why（なぜ）」で、2H は H 単体が「How（どうやって）」で How のあとに long や much をつけた「How ～（どのぐらい）」のことです。こうした「5W2H」のようなポイントを踏まえてファシリテーターが意見・感想を引き出すことがファシリテーションの目的であり、意味につながります。

　あくまで正しい答えを導き出すのではなく、多くの意見・見解を引き出すために、ファシリテーターの資質として求められるのは「傾聴する力」であると筆者は考えます。前述した釘山（2012）も、「"人の話をよく聴く" とはファシリテーターの技術の心」だと述べています。相談援助における「傾聴する力」はあらゆるシチュエーションにおいて重要です。上手いファシリテーションとは、まず他者の想いをじっくりうかがう姿勢からがスタートだと言えるでしょう。

【引用文献】
　＊1　桑畑幸博（2013）〔臨機応変!!〕日本で一番使える会議ファシリテーションの本. 大和出版.
　＊2　釘山健一（2012）「会議ファシリテーションの基本がイチから身につく本」. すばる舎. p86.

8．ネゴシエーション

　ネゴシエーションは、交渉を意味する言葉です。一般的に交渉という言葉を使う場面は、相手と意見が対立しているときに、自分の意見を通したい場合や、自分の利益になることを相手に依頼するときなどに使われると思います。対人援助場面では、さまざまな人に自分の意見を伝えないといけない場面があります。それは、関係機関の職員であったり、多職種と協調するときであったり、地域の人々であったりと立場や役割が異なっていることも多いでしょう。同じ人を支援していても、立場や役割が違うと、意見が食い違ってしまうこともあります。そのような場面で、自分の意見を伝えて、支援を前に進めていく方法の1つが、ネゴシエーションということになります。忘れてはならないのが、たとえ自分と相手の意見が違っていても、自分の意見を押し付けないことです。話し合いによって、妥協点を探りながら、お互いの納得のできる結論を出そうとする姿勢が大切になります。

　相手を説得するときの効果について、代表的なものに以下の3つの効果があ

ります。

①権威の効果、②脅しの効果、③報償の効果

　①権威の効果は、同じことを話したとしても、話し手が専門家であったり名声があったりした方が、説得力が増します。特に、聞き手が、正しい情報を欲しいと思っていたり、自分よりも詳しい人に聞いて判断したいと思っているときに効果は大きくなります。②脅しの効果は、自分の意見を通さないと、相手の不利益になるという脅しを使って説得することです。相手の不利益が大きければ、効果は大きくなりますが、心から納得したわけではないので、表面的な対応に終わってしまい、説得の効果は長続きしないと考えられます。③報償の効果は、相手に自分の意見を受け入れてもらう代わりに、何かを与えることで説得することです。心から納得していなければ、表面的な対応に終わる可能性もありますが、聞き手も利益が得られるので、現実的な妥協点を見出しやすくなると考えられます。同じように説得された場合でも、相手の意見に納得した場合には、相手は心から態度を変えることになりますが、権威や脅し、報償などで説得された場合には、説得の効果が長く続かないと考えられるため、文書などで形にしておく必要があります。

　相手に何かをしてもらいたいときに、してもらえる確率を上げる技法を、要請技法といいます。ここでは、2つの技法を紹介します。

①フット・イン・ザ・ドア・テクニック、②ドア・イン・ザ・フェイス・テクニック

　①フット・イン・ザ・ドア・テクニックは、小さな依頼をまず受け入れてもらって、徐々に大きな依頼を受け入れていってもらうことで、最終的に本当に依頼したいことを受け入れてもらう技法です。セールスマンが、家庭を訪問して商品を売りたい場合に、「話だけでも聞いてください」とドアの中に足を入れるという小さな依頼をまず受け入れてもらうことで、商品を買ってもらうという大きな依頼を受け入れてもらいやすくするために使う手段ということになぞらえて、名前がついています。聞き手は、小さな依頼を受け入れることで、相手の依頼を受け入れやすくなるということが研究で明らかになっています。

　②ドア・イン・ザ・フェイス・テクニックは、フット・イン・ザ・ドア・テクニックと逆の手順で行なう技法です。最初に、受け入れてもらえないような、実際に依頼したいことよりも大きい依頼をわざと相手にします。相手から依頼を断られたら、次に本当に依頼したい小さな依頼をします。こちらが譲歩

したように感じさせることで、相手からも譲歩して依頼を受け入れてもらいやすくする効果があると考えられています。

　こういった技法は、セールスマンがよく使う技法ではありますが、対人援助職の場合はどうでしょうか。たとえばフット・イン・ザ・ドア・テクニックについて考えてみると、同僚や他職種の職員、他機関の職員など関わりのある人たちとは、日頃から小さな依頼ができる関係を築けていれば、もし相手の負担が大きくなる依頼をしないといけなくなっても、受け入れてもらいやすいということがわかります。相手の立場をよく考えないで、こういった技法を使って相手に依頼を受け入れてもらった場合は、押し付けがましくなってしまったり、相手に不満感が残ってしまう危険性があるかもしれませんが、相手が受け入れやすくなる方法の一つとして心に留めておくと役に立つこともあるでしょう。

　ネゴシエーションをおこなう際には、事前にキーパーソンを調べておいたり、話し合いの必要事項をまとめておいたりと準備をしておくことが大切です。あらかじめ、自分が折れることのできる妥協点も考えておくと、実際の場面で交渉しやすくなります。そして、相手の立場も尊重することで、長期的に協調できる関係を作ることも大切なことです。

9．ディベート

　ディベートは、論理的な思考力や、相手に自分の意見を論理的に議論する練習方法として知られています。ディベートには、一定のルールと手順が決められています。最初に議論するテーマが設定されるのですが、参加者は自分の意見とは関係なく、肯定側と否定側に分けられます。それぞれ話す順番や、話す時間もあらかじめ決められていて従わなければいけません。最後に議論が終われば、第3者によって勝ち負けが決められます。また、多くの場合、議題となるテーマは、賛否のつけにくいものが選ばれます。実際の自分の意見が賛成であるか反対であるかとは関係なく、相手に自分の主張を通すために、論理を組み立てていくことで、思考力を鍛えていくことを狙いとしています。

　実際のディベートでは、まず肯定側の主張が提示されます。次に、否定側は、肯定側の意見を採用すると問題が起きることを提示することで、否定します。そのあとに、否定側と肯定側が交互に反論したり、意見を比較したりします。最後に第3者によって勝敗が決められることになります。ディベートの形式にはいくつか種類があり、ディベートの大会ごとにも独自のルールが決められています。ここでは、標準的に使われることの多い、アメリカで大学方式と呼ばれている形式を紹介します。

肯定側第一立論　８分

否定側第一立論　８分

肯定側第二立論　８分

否定側第二立論　８分

否定側第一反駁　４分

肯定側第一反駁　４分

否定側第二反駁　４分

肯定側第二反駁　４分

　標準的な形式では、２人で１チームを作ります。また、多くの場合は、立論と立論の間に、相手チームからの反対尋問の時間が用意されています。

　肯定側の立論は、①問題の存在を示し、その問題の重要性を訴えます。②その問題と議題との関連を伝えて、解決のためのプランを提示します。③そのプランによってどのような変化が起きるか示します。対して、否定側は、肯定側の意見に反論していかなければなりません。否定側はまず、①肯定側の提示したプランを採用すると、どのような問題が起きるかを示します。②その問題の重大さを伝え、肯定側のプランにはデメリットがあるか、もしくはメリットがないということを訴えます。交互におこなう反駁の過程では、今までに出た議論について、再度反論したり意見を主張したりします。

　ディベートの勝敗は、話し方の上手さでは決まりません。論理的に筋が通っているか、客観的に妥当な証拠を集めることができているか、ということで判断されることになります。論理の展開の仕方には、代表的なものとして、演繹法と帰納法があります。帰納法は、個別の事柄を並べて、そこから一般原理を導き出します。反対に、演繹法は一般原理から、個別の事柄を説明しようとする方法です。例えば、「Ａというカラスは黒い、Ｂというカラスも黒い、Ｃというカラスも黒い（個別の事柄）、したがって、カラスは黒い（一般原理）」といった論理展開は帰納法となります。反対に「カラスはすべて黒い（一般原理）、したがって、Ａというカラスも、Ｂというカラスも、Ｃというカラスも黒い（個別の事柄）」と説明すれば演繹法ということになります。帰納法では、１つでも結論と異なる事柄が見つかると、反証されることになります。帰納法を使って物事を考えるときに、気をつけておかないといけないことがあります。それは、心理学の研究でよく知られている確証バイアスと呼ばれるものです。確証バイアスは、人は自分の立てた仮説を立証するものを探すことを好み、反証するものに目を向けにくいことを言います。帰納法では、自分の立てた仮説を反証するものがないのか注意する必要があります。一方、演繹法を否

定する場合には、前提から妥当な論理で、結論が導き出されているかが問題になります。人は論理だけでなく、自分の感情や考えに合うものを正しいと判断しやすいため、気をつけなければいけません。論理展開の仕方を意識しておくと、自分の思い込みや感情論で意見を主張することが減り、説得力のある主張ができるでしょう。

　ディベートのときや論理的に考える際に参考となるモデルに、トゥールミン（Toulmin.S）の提唱した議論のモデルがあります。トゥールミンのモデルでは、議論には主張（claim）、証拠（data）、理由（warrant）の３つの要素が必要だとされています。主張は、議論で最終的に訴えたい結論です。ある主張をするためには、根拠となる証拠が必要です。証拠として、客観的なデータや具体例、論文からの引用などを示します。そして、データや具体例に示されている意味を検討することで、主張をするための理由を導き出して、結論として訴えたい主張の裏付けをしていくのです。証拠から導き出される理由も、客観的なものである必要があります。このモデルは、多くのディベートや論理学の本で紹介されているものです。

【参考文献】
1．秋山博介　谷川和昭　柳澤孝主編　福祉臨床シリーズ編集委員会編『相談援助演習 第2版（社会福祉士シリーズ21）』弘文堂
2．深田博己著『インターパーソナルコミュニケーション　対人コミュニケーションの心理学』北大路書房
3．無藤隆　森敏昭　遠藤由美　玉瀬耕治著『心理学』有斐閣
4．ジョン・M・エリクソン　ジェームス・J・マーフィー　レイモンド・バッド・ゼウシュナー著　渡辺春美　木下哲也訳『ディベートガイド―基礎からのディベート―』渓水社
5．松本茂　河野哲也著『大学生のための「読む・書く・プレゼン・ディベート」の方法』玉川大学出版
6．望月和彦著『ディベートのすすめ』有斐閣

10. 評価

1）評価の意義と定義

　相談援助（ソーシャルワーク）として、対象となる援助していくべき個人や、その家族（クライエント）の生活上の困難に陥ってしまう状況を事前評価（アセスメント）し、それによって援助計画（プランニング）が開始され、問題解決できているかどうかの中間評価（モニタリング）を経て、さらに事後評価（エバリュエーション）の確認後、その問題の終結（ターミネーション）に至るというプロセスが基本となります。つまり、この一連の流れの中で、評価というプロセスがなくては、問題はおよそ解決しないのです。

　特に、最近では、相談援助に対しての効果的な技法として、評価という技法

の必要性が高まってきているのです。

　そのひとつの理由として、社会福祉基礎構造改革[※1]以降、相談援助職としてサービスを提供していく立場からも、アカウンタビリティ（４．記録 参照）を必要とする動向が現われてきたことによります。そして、さらに、科学的な指標に基づいて、評価という技法が進んできました。

　社会福祉基礎構造改革以降、相談援助職にある援助者にも、アカウンタビリティを求める動きが現われてきたのですが、アカウンタビリティを社会に示そうとするときには、自らの実践を評価し、それを社会にも示す必要性があり、その評価の方法は科学的な根拠に基づいていなくてはならないのです。これは、ひとつに、利用者の状況をよりよく理解するためであり、ふたつ目には、効果的であり、効率的な援助のためです。このことが、評価という技法の意義といえるのです。

　また、定義としては、特に相談援助（ソーシャルワーク）のプロセスの終結に向けて実施されるものといえます。そして、それは生活困難な問題の解決について、より客観的・科学的に評価するものとして求められるのです。

2）評価の種類

　相談援助実践についての評価は、その評価の対象や目的により、分類することができます。

①評価対象における分類

ア．プログラム評価

　サービスを提供しているプログラムが効果的かつ効率的に機能しているかどうかを評価することです。関係諸機関などで行なわれている、コスト評価、事業評価などのことです。

イ．実践評価

　相談援助者が実践についての結果を評価することです。効果的・効率的な援助であるか、そして実践することができたのかを判断する際に重要であり、これは相談援助者の専門性のスキルアップに繋がります。

②評価目的における分類

ア．事前評価（アセスメント）

　利用者の問題や課題の解決・改善のために、情報収集・分析を行なって、具体的なプログラムを作成するための基準となる評価です。

イ．中間評価（モニタリング・プロセス評価）

　援助計画に基づいた実践が、有意義に実施されているかを確認して、利用者の状況・問題・課題、ニーズの変化に対応していくための評価。この評価は、実践に活かしていくことで、より効果的な実践が期待できるのです。

注※1 社会福祉基礎構造改革⇒　今後増大・多様化が見込まれる国民の福祉ニーズに対応するため、1951年の社会福祉事業法制定以降、大きな改正が行なわれてこなかった社会福祉事業、社会福祉法人、措置制度など、社会福祉に共通な基盤的制度の見直しを行なうこと。

　ウ．事後評価（エバリュエーション・効果測定）

　援助過程の終結時の内容確認や、援助の評価、効果測定のために実施する評価。利用者の問題解決・改善目標が計画通りにできたのか。また、その阻害要因を判断するために行ないます。

３）評価の方法

　相談援助実践の評価について重要なことは、提供された相談援助におけるサービスが援助していくべき個人や、その家族のために有益であったのだろうかということになります。相談援助職と援助していくべき個人や、その家族との間で相談された目標に到達したのか、できなかったのかということを評価するということになります。ここでは、以下のようなポイントがあげられます。

　※　目標設定

　※　目標達成スケール

　※　信頼性・妥当性

　　　より具体的に（手法として）述べると、次のようになります。

３．事例研究

　実践事例を具体的にさまざまな分野から分析・考察し、その援助実践の実態を把握して、その結果や方法について援助過程を通して検討する方法です。

４．シングル・システム・デザイン（単一事例実験計画法）

　単一の援助していくべき個人や、その家族を対象として使用される評価方法。

　この内容は、相談援助サービスが実施される前の一定期間・サービス提供期間・サービス終結後の３段階の期間を、継続的・組織的に評価する方法です。

５．アカウンタビリティに応える評価としてのEBP

　特に、最近注目されているEBP（Evidence-Based-Practice）とは、医療分野からはじまり、不安定な経験や直感、伝統や権威によって、治療法を選択するのではなく、科学的根拠に基づいて治療法を選択しようという考え方です。

【参考文献】
　1．福祉臨床シリーズ編集委員会編（2014）『社会福祉士シリーズ21巻「相談援助演習」』弘文堂
　2．山縣文治・柏女霊峰　編集委員代表（2013）『社会福祉用語辞典（第9版）』ミネルヴァ書房
　3．白澤正和・福富昌城・牧里毎治・宮城孝編著（2015）『MINERVA社会福祉士養成テキストブック6巻「相談援助演習」』ミネルヴァ書房

第3章　力量を深める実践モデル

1．本人中心（理論）アプローチ－クライエント中心療法

　このアプローチでは、クライエント（支援を求めている人）は、本来自ら成長していく力を持っており、自己実現をめざすものと考えて関わっていきます。自己実現というのは、自分の持っている可能性を開花させて、理想の自分へと向かっていくということを意味しています。不適応状態の人は、自分の思う理想の自分（理想自己）と現実の体験（現実自己）が一致していないために、力を発揮することができていない状態と考えます。例えば、自分はなんでもできると思っているＡさんがいるとします。このＡさんが仕事で大きな失敗をしてしまい、不安で眠れなくなりました。Ａさんにとっての理想自己は、"なんでもできる人"で、現実自己は"失敗をした自分"です。もし、Ａさんの理想自己がもっと柔軟なものであれば、たとえ失敗したとしても、過剰に不安を感じることなく失敗した自分を受け入れて、仕事を改善していくことができるでしょう。

　このようなクライエントの理想自己と現実自己の一致をめざすために、ロジャーズ（Rogers.CR）は援助者が持たなければいけない３つの条件を提唱しました。その３つが、①共感的理解、②受容、③純粋性です。

　①共感的理解というのは、クライエントと同じ目線に立って、その人の体験していることや感情を理解することです。援助者の価値観から理解するのではなく、あくまで相手の価値観に沿って共感します。②受容は、ありのままのその人のことを無条件に価値ある人間として受け入れることです。たとえ、クライエントの態度が矛盾していたり、悪いものであったりしても、その人の人間性を認めることをめざします。③純粋性とは、援助者自身の理想自己と現実自己が一致していることを言います。これが欠けていると、援助者は、一貫して同じ姿勢で関わることができなくなります。このような態度を持った援助者との温かい関係に支えられることで、本来持っている成長していくための力を発揮していくと考えられています。

　このアプローチは技法というよりも、クライエントと向き合う援助者の態度を強調しています。"支援を求める人"のことをクライエントと初めて呼んだのもロジャーズなのですが、"クライエント"と呼ぶことで、支援を求める人を専門家よりも劣っているのではなくて、自分で問題を解決していける力があるということを示そうとしたようです。ここにも、援助者とクライエントを対等な存在と考える態度と人間観が表われています。

2．エコロジカル（理論）アプローチ

このアプローチでは、支援を求める人の抱えている問題は、その人個人にあるのではなくて、人と環境の交互作用によって生まれているものと考えます。環境というのは、人や物、場所、価値といったその人に影響を与えているもののことを言います。具体的にいうと、家族であったり、その人の住む地域のことであったり、学校であったりします。支援が必要な人の問題だけを見るのではなく、その人を取り巻く環境に目を向けて援助をめざしていきます。個人を環境から切り離して見るのではなく、環境の中の一員として見ることによって、個人の病理性のみに焦点を当てることなく、生活全体を視野に入れることができます。

ジャーメインとギッダーマン（Germain.C.B & Gitterman.A）がエコロジカルアプローチを体系化したものを、生活モデルといいます。このモデルでは、人の抱えている問題のことを生活ストレスと呼んでいます。①ライフイベント、②環境の圧力、③対人関係のストレスの3つが代表的なものです。

①ライフイベントは、結婚や就職、引っ越し、犯罪や自然災害の被害といった誰にでも起こる可能性のある出来事のことです。良いものも悪いものも含めた生活の中の変化に適応できないときに、ストレスになるということです。②環境の圧力とは、家族や地域、学校などの社会資源から適切な助けを得られないときに、環境はストレスを与えるものになるということです。③対人関係の中のストレスとは、家族や友人、会社の同僚などと摩擦が起きて、人間関係が上手くいかないときにストレスになるということです。

援助者は、以上のような問題となっている生活ストレスを把握し、支援を求めている人が問題に対してよりよい対処ができるように援助するとともに、環境に働きかけて改善するようにします。そして、その人の対処能力が上がることで、環境がもっと改善され、環境が改善されることで、その人の対処能力がもっと上がる、もしくは、環境が良くなることでその人が適切に対処できるようになり、その結果環境がさらに改善されるといったような交互作用が起きて、人と環境のバランスがよくなることをめざします。援助者のすべきことをまとめると、①人への支援、②環境への働きかけ、③人と環境の交互作用の調整となります。

なお、"エコロジカル"という言葉は、もともとは有機体と環境の関係を研究する学問である生態学の理論を援用したことから使われています。

3．エンパワメント（理論）アプローチ

　エンパワメントアプローチは、1976年にソロモン（Solomon.B.B）が黒人に対する社会福祉の方法として提唱したことからはじまりました。1960年代の社会情勢として、社会的平等や社会正義を求めた運動が活発に行なわれていました。女性や障害者といった社会的な弱者は、社会によって権利や力を剥奪されているために、弱い立場に置かれているという意識が高まり、抑圧からの解放がめざされていました。その中で、エンパワメントという言葉は、社会的に差別されていたり、抑圧されていたりする人々が、剥奪されていた権利を獲得し、主体的に力を使えるように回復していくことを意味するようになりました。ソロモンは、黒人に限定して理論を展開しましたが、1980年以降に広く社会福祉の理論として使われるようになっています。

　エンパワメントの考え方では、支援を必要とする人は、一方的に力を与えられる立場にあるのではなく、自分自身で環境に働きかけたり、問題解決に向けて行動できたりするように支援を受けることになります。そのために対人援助者は、支援を必要とする人が困難な問題を抱えていて無力な状態に陥っていたとしても、その人自身の中に力があると考えて、問題に対して自分で対処できるような力を引き出していくことをめざします。個人の問題に焦点を当てるのではなく、抑圧された状態の個人と環境の交互作用に目を向けて、支援をおこなっていきます。

　このアプローチは、特定の技法というよりも、支援をおこなっていくうえでの考え方の枠組みや理念を表わしていると考えられます。当事者の主体的な力に着目することで、支援を受ける人と支援者を対等な存在と考えることができる枠組みでもあります。この理論を実践するためには、ストレングスの視点が大切です。ストレングスとは、その人の持っている強みや長所のことを意味します。問題を抱えて、力がないように見える人の中にも、問題に対処していくための力を見出していくことが、支援につながってくると考えられています。ストレングスという視点からは、性格や興味関心、持っている環境資源などさまざまなものを強みや長所と捉えることができます。このような視点から見ると、すべての人や家族、集団、地域はそれぞれにストレングスを潜在能力として持っているという援助観が成り立ちます。

4．行動療法的（理論）アプローチ

　このアプローチは、学習理論という心理学の理論を背景に持っています。学習理論の代表的なものに、①古典的条件づけ、②オペラント条件づけがあります。

　①古典的条件づけとは、いわゆる条件反射と言われる行動のことです。パブロフ（Pavlov.I.P）の犬を使った有名な実験があります。犬は餌を与えられると唾液を出します。毎回餌を与える前にベルを鳴らすようにすると、次第に犬はベルの音を聞くだけで、唾液を出すようになります。ここでは、ベルの音という刺激に、唾液を出すという行動が学習された見なします。

　古典的条件付けは、条件反射による行動でしたが、②のオペラント条件づけは、試行錯誤によって学習される自発的な行動のことをいいます。ソーンダイク（Thorndike.E.L）は空腹の猫を箱の中に入れてロックをかけて、箱の外に餌を置く実験をしました。猫はいろいろな試行錯誤によって、外に出て餌を食べることができます。同じ実験をくり返していると、次第に外に出てくる時間が早くなります。つまり、試行錯誤によって、外に出るための行動が学習されたことになります。

　以上は、動物の単純な行動に関する実験ですが、人間の行動も同じような見方で考えていくことで、支援の方法を見つけていきます。ある行動を、増やすことを正の強化と言います。反対に減らすことを負の強化と言います。例えば、褒めることで勉強時間が長くなれば正の強化です。また叱ることでいたずらが減れば負の強化をしたと考えます。実際の援助では、学習理論を活用して、望ましい行動を強化したり、望ましくない行動を減らしていくことが主な目標になります。

　人の行動をその人の考え方や思考の影響を受けると捉えたものが、認知行動療法的アプローチとなります。このアプローチでは、問題を抱えている人の認知のゆがみを修正し、より合理的な考え方ができるように介入し、適切な行動ができるように援助していきます。認知行動療法のひとつに、SST（Social Skills Training）があります。SST は、社会生活技能訓練と訳されています。SST では、ロールプレイによって、設定された課題に沿ってある役割を演じることで、適切な行動を学んでいくという方法が取られます。それによって生活していくうえで、人と関わるときの問題を少なくし、生活の質を上げていくことをめざします。この方法は、もともとは精神医療の中で発展してきましたが、今ではさまざまな援助機関で実践されています。

5．問題解決（理論）アプローチ

　このアプローチは、パールマン（Perlman.H.H）が体系化しました。主に自我心理学や学習理論、役割理論が基盤になっています。パールマンは、ケースワークを、支援者とクライエント（支援を求めている人）の間で行なわれる問題解決過程と考えました。人の生活の中では、必ず何かしらの問題が起こり、それを解決してきたはずです。その事実をケースワークにも当てはめて理論化しました。ケースワークを、人（Person）、問題（Problem）、場所（Place）、過程（Process）で構成されたものとして捉えます。つまり、人（クライエントと支援者）が、ある問題について、ある場所（多くは援助機関）で、一定のプロセスを通して問題を解決していく過程と考えます。

　人は、大きすぎる問題を抱えた場合、問題を解決していくための自我機能が弱くなってしまうと仮定しています。自我機能というのは、心の働きのひとつです。欲求を感じた時に、外的な環境の要因で必ずしも欲求が満たされるとは限りません。欲求が満たされないときに感じる葛藤に対処したり、適切な判断をしたりすることで、適応を維持することができます。このような適応を維持して、問題を解決する働きを自我機能と言います。

　そこで、まずは問題を段階的に解決していけるように、小さく分けていきます。そうすることで、問題をクライエントが対処することが可能なものに変えて、自我機能を高めることを狙います。取り組む問題は、実現可能なものを設定し、目標を明確化します。目標は、小さなものから大きなものまで対処可能な範囲で考える必要があります。また、クライエントの取り組むための能力も明確にしていきます。そして、支援者は、クライエントと一緒に問題解決の過程を歩んでいくことで、クライエントの自我機能を支えます。

　このアプローチでは、問題を段階的なものに変えていくために、アセスメントを的確にする必要があります。特に、問題解決に向けてのクライエントの動機づけ、クライエントの能力、環境や機関から得られる機会の3点を重視してアセスメントがされます。

　今解決したい問題に焦点を当てるため、過去に大きな問題を抱えていてそのことが現在の問題に影響を与えている場合や、援助に対する動機づけの低いクライエントの場合には援助の効果が得にくいという限界もあるということを理解しておく必要があります。

6．課題中心（理論）アプローチ

　このアプローチは、リード（Reid.W.J）とエプスタイン（Epstein.L）による実証的研究を基に開発されました。心理社会モデル、問題解決アプローチ、行動理論などの影響を受けています。支援を求めている人が、今解決したい課題を決めて、その課題を解決するために取り組まなければならない具体的な課題を設定していきます。期限を限定することで、短期的な時間で、問題を解決することをめざします。

　介入の期間は、2〜4か月で12回以内のセッションという短期間になります。まず最初に、解決したい課題を確定させます。十分に支援者と話し合って決める必要はありますが、その課題を抱えることになった原因や過去を突き詰めていくことはしません。さらに、課題は現実的に解決することが可能な、本人の能力に見合ったものを選びます。セッションとセッションの間に、自分自身で課題に取り組まなければならないため、自分の力でできることを選ばなければなりません。また、課題を達成できたか評価できるように、できる限り具体的な問題を選ぶ必要があります。設定された課題は、具体的に遂行していけるように、段階的なものにします。最後に具体的な計画として、目標や期間、セッションの回数などを決めて契約を結びます。こうして結ばれた契約に沿って、各セッションでどの程度達成できたか評価します。

　この理論では、人は課題を達成しようとする能力があるという人間観が出発点になっています。援助者は、自ら主体的に問題を解決して行動を起こしていけるように、支援していきます。セッションでは、課題に取り組むにあたって障害となることについて話し合い、信頼関係を作る必要があります。障害には、能力が足りなかったり、自信が低かったりという内的なものと、社会資源を利用できていないなどの外的なものがあります。このような障害を分析し、動機づけをしたり、励ましたりすることが求められます。このアプローチは、支援を求める人が解決したい課題を決定し、目標を達成するまでの一連の流れは決まっていますが、具体的な解決方法は決まっていません。そのため、さまざまな援助のための技法を折衷的に選んで使う必要があります。

　対応可能な問題に限定することで、効率よく支援をおこなうことができ、クライエントの負担も小さくなります。一方で、課題を取り組む意欲や力が小さい場合、計画通りに進めていくことが難しいため、柔軟に対応することが求められます。

7．危機介入（理論）アプローチ

　危機介入アプローチは、災害や戦争といった危機的な出来事に直面した人々に対する調査研究からはじまっています。人は、自分の対処能力を大きく超える困難な事態に陥ると、対処ができずに混乱状態になります。そのような混乱状態の中で、情緒的なバランスが崩れてしまいます。危機介入の目的は、混乱状態にある人をできるだけ早く、元の状態に近づけることにあります。危機となりうる出来事は、戦争や災害だけでなく、犯罪被害や事故、家族や友人との死別など誰にでも起こりうる事が挙げられます。他にも、受験や出産、退職といった発達的なライフイベントとして予期できるものも危機となることがあります。また、虐待の被害や自殺といった問題に対しても適用される介入方法です。危機介入では、クライエントを主体にした援助方法よりも、積極的・主導的に対象者に関わっていきます。

　人は生活の中で、日々さまざまな問題に直面していますが、自分なりの対処方法を使って、危機に陥る前に乗り越えています。しかし、これまでに身につけてきた自分の対処能力を超えるような重大な出来事を前にすると危機状態に陥ることになります。危機状態に陥った人は、強い不安感や、抑うつ気分、怒りといった否定的な感情を体験します。通常であれば、このような危機状態は、数日から数週間で回復しますが、危機が大きければ長期に及ぶことがあります。危機状態で体験する情緒的な混乱は、病気のような特別なものと考えるのではなく、誰もが危機状態で経験する反応と捉えられます。危機状態からの回復過程で、新たな対処能力を身につけることができれば、危機以前よりも成長することも期待されます。

　なお、心の傷になるような危機の場合、急性ストレス障害と呼ばれる精神症状が出ることがあります。精神症状としては、①再体験（危機となる出来事をくり返して思い出したり、今それが怒っているかのように行動してしまったり、夢に見ること）、②回避（危機となる出来事に関する人や場所を避けたり、思い出せなくなること）、③過覚醒（感情のコントロールができなくなったり、不眠、集中が困難になったりすること）が挙げられます。急性ストレス障害の症状が1か月以上続く場合に、PTSD（心的外傷後ストレス障害）と診断されることになります。

8．家族療法的（理論）アプローチ

　家族療法的アプローチでは、家族をひとつのシステムと考えます。家族のメンバーの誰か1人が問題を抱えた場合、その問題の責任を本人だけにあると考えるのではなく、家族の相互関係から生まれたものとして扱っていきます。特定の個人の問題は、家族全体の問題であり、問題を抱えている人は、家族の抱えている問題を代表して表現していると捉えます。そのため、問題を抱えている人のことを、IP（Identified Patient）と呼びます。日本語にすると、家族に患者とみなされている人という意味です。つまり、問題を抱えている本人は、本人に原因があるから問題を抱えているのではなく、家族の関係の中で問題を抱えることになったという視点で見ているということです。援助者が介入するのは、特定の個人ではなく、家族全体ということになります。面接をするときにも、本人だけでなく、家族全員を一度に面接することで、家族の様子を観察することもあります。家族間のコミュニケーションの在りかたや、家族の独自のルール、世代間伝承などを分析し、介入していくことになります。

　家族関係で起きている問題を単純な因果関係で捉えるのではなく、相互に影響を与え合う円環的なものと捉えます。そのため、家族の成員の誰から問題がはじまっても、同じ結果になると考えます。この考えでは、1人が変化すると、家族全体も変化し、家族全体が変化すると、家族の成員個人も変化するということになります。問題が起きているのは、家族の中の誰か特定の個人が悪いからだというような、原因探しをしません。家族の力関係や役割、コミュニケーションの仕方といった目に見えない家族システムにゆがみやバランスの悪さがあるから問題が起きていると考えているからです。また、家族システムに介入すること手段としているため、特定の個人の人格を変えることには深く関わることをしません。

　家族療法的アプローチには、いくつもの学派が乱立しています。上記の理論は、おおむねすべての学派に共通した考えとなっています。個別の学派としては、ボーエン学派、コミュニケーション学派、戦略学派、ミラノ学派、構造学派、行動学派、社会的ネットワーク学派、ナラティブ学派、統合学派などがあります。おのおのの学派には、それぞれ独自の理論と介入のための技法や考え方があります。

９．構成主義（理論）アプローチ

　構成主義では、客観的な現実の存在を疑問視し、現実は社会や人によって作られたものと考えます。私たちが普段、現実と捉えているものは、最初から客観的に存在しているものではなくて、社会の中で作られていくものだということです。つまり、現実は１つに決まったものではなく、相対的なものとして考えられます。人は自分の身の回りのことを把握するときに、自分の知識によって作られた枠組みに従ってもの事を見ているので、世界をありのままに把握しているのではないと考えます。知識は、文化によっても変わるし、時代によっても変わってきます。時代や地域が変われば、同じものを見ても意味は変わってくるでしょう。人は、世界を把握するために、自分の生きている社会にあらかじめ存在している知識を使って、世界を理解しているということです。こうして知識によって理解されたものを、人は、現実と呼んでいるということになります。

　構成主義に基づいたアプローチとして、ナラティブアプローチがあります。これは、心理療法の中で取り入れられている実践のひとつです。ナラティブアプローチでは、クライエント（支援を求めている人）の語る話を、主流の物語（ドミナントストーリー）と呼びます。援助場面で語られる話の多くは、つらい体験をして否定的な感情に彩られた物語です。対人援助者は、クライエントの語る物語を聞きながら、その人の体験してきた現実を知っていきます。そして、クライエントが絶対的なものとして意味づけている物語を、解体し、新しい意味づけを持った物語（オルタナティブストーリー）を見つけていくことを支援します。問題を個人の中にあるものと考えるのではなく、物語という外にあるものとして自分から切り離して捉え直します。これを物語の外在化と言いますが、そうして新たに作られたオルタナティブストーリーが、ただつらいだけの物語ではなく、今までは隠されていた肯定的な物語であれば、クライエントは再び前向きに生きていくことができるはずです。

　この立場に立つと、例えば女性であることや、男性であること、若者であることや老人であること、病気であることなどさまざまな社会から意味づけられている言葉や概念がドミナントストーリーとして捉えられうるということになります。

【参考文献】
　1　乾吉佑　氏原寛　亀口憲治　成田善弘　東山紘久　山中康裕　編『心理療法ハンドブック』
　2　Ｗ．ドライデン＆Ｊ．ミットン著　酒井汀『カウンセリング／心理療法の４つの源流と比較』訳　北大路書房

3　川村隆彦　『ソーシャルワーカーの力量を高める理論・アプローチ』中央法規

4　谷口泰史『エコロジカル・ソーシャルワークの理論と実践─子ども家庭福祉の臨床から─』　ミネルヴァ書房

5　宮下照子　免田賢　共著　『新行動療法入門』　ナカニシヤ出版

6　狭間香代子　『社会福祉の援助観　ストレングス視点・社会構成主義・エンパワメント』　筒井書房

7　岩田正美　大橋謙策　白澤政和　福山和女　編著『ソーシャルワークの理論と方法Ⅰ（MINERVA 社会福祉士養成テキストブック 3)』　ミネルヴァ書房

8　加藤伸司　山口利勝　編著　『心理学理論と心理的支援（MINERVA 社会福祉士養成テキストブック 21)』　ミネルヴァ書房

9　田中英樹　中野伸彦　編集『ソーシャルワーク演習のための 88 事例　実践につなぐ理論と技法を学ぶ』　中央法規

1. 介護過程とは

　まず「介護」とは何かを考えてみましょう。多くの人は高齢者の日常生活上の援助を思い浮かべるのではないでしょうか。ではそれらの介護は、どのようにして現場で実践されているでしょうか。

　たとえばある利用者の食事介助を行なうとしましょう。介護職は利用者の右側に座り、スプーンでおかずを口元まで運び、飲み込みが確認できればまた口元まで運びます。このような介助場面は日頃よく目にする光景ですが、ではこの利用者の食事介助は、果たしてその場にいた介護職の思いつきで行なわれているでしょうか。決して、介護職の個人的な思いつきや勘、経験、そこから得たコツなどで行なわれるものではなく、これらはすべて意図的に介護を展開しています。

　先ほどの例で注目するところは、なぜこの利用者の右側から介助するのか、なぜスプーンを使用するのか、また飲み込みを確認する必要性は何か、そもそもどうして食事介助が必要なのかという点です。この"なぜ"に対して具体的な根拠（エビデンス）をもって援助していくことが、介護実践で求められてきます。

　介助の一つひとつに根拠が裏打ちされ、そこに介護福祉士の専門性が問われてくるのです。

(1) 介護過程の意義・目的

　こうして意図的な介護を展開するためのプロセスを介護過程といいます。介護過程を展開することにより、利用者が望む「よりよい生活」「よりよい人生」を実現するために、専門知識を活用した客観的で科学的な一連の思考過程です。

　そこで介護過程の意義・目的を以下の4つにまとめました。

①「なぜこのような介護を行なうのか」（実践）、「それがどのような結果となったのか」（評価）など、根拠に基づいて実践、評価することで、利用者のQOLの向上につながります。それは、利用者が望む「よりよい生活」「よりよい人生」の実現を支援することができます。

②「それがどのような結果となったのか」と評価するときに、変化があったのかなかったのか、また変化が見られた場合それが利用者が望む生活につながるような変化だったのかどうかなど、根拠に基づいた振り返りができます。

③利用者が望む「よりよい生活」は、利用者一人ひとり異なります。そのため、一人の利用者のニーズに対応するには「個別ケア」が必要であり、介護を展開することで実践が可能となります。

④利用者の QOL の向上を高めるためには介護職だけでなく、一人の利用者にかかわる人が共通の目標をもつことが重要です。その中で、介護福祉士としての必要な専門知識・技術をもって提供することができます。

(2) 介護過程の展開

　日頃、介護を実践している介護職は、このプロセスに沿って介護展開しています。しかし、日々くり返し介護していく中でいつの間にかそれが当たり前になり、利用者の変化に気づくことができなくなっているかもしれません。また「介護過程」というなにか特別な考えをもっていた場合、実は無意識のうちに介護を行なっていることもあるでしょう介護過程の展開は、利用者の望む暮らしを実現するための重要な道筋となります。何度もくり返し展開することで、利用者の QOL の向上につながっていきます。

　介護過程を意図的に展開するプロセス（手順）は、一般的に4段階で構成されています。

　「アセスメント」→「計画の立案」→「実施」→「評価」

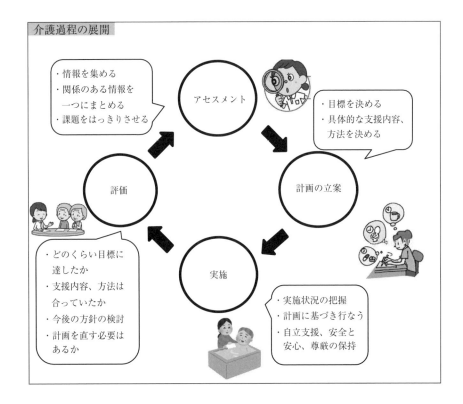

介護過程の展開

・情報を集める
・関係のある情報を一つにまとめる
・課題をはっきりさせる

アセスメント

・目標を決める
・具体的な支援内容、方法を決める

計画の立案

評価

実施

・どのくらい目標に達したか
・支援内容、方法は合っていたか
・今後の方針の検討
・計画を直す必要はあるか

・実施状況の把握
・計画に基づき行なう
・自立支援、安全と安心、尊厳の保持

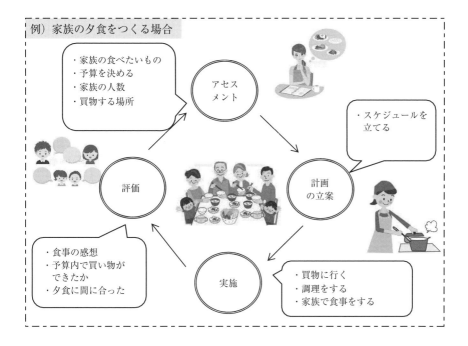

例）家族の夕食をつくる場合

・家族の食べたいもの
・予算を決める
・家族の人数
・買物する場所

アセスメント

・スケジュールを
立てる

評価

計画
の立案

・食事の感想
・予算内で買い物が
できたか
・夕食に間に合った

実施

・買物に行く
・調理をする
・家族で食事をする

２．生活支援の実践

（生活の定義）

　人間として生命を維持していくために生理的・身体的に必要な営みであると同時に、人間として尊厳ある営みが続いていくことでもある。

　生活を支援するためにはさまざまな視点・アプローチがあることを学び、多様性のある利用者の生活を支援するために柔軟な思考が求められます。

　そして介護過程を展開するうえで個別化が重要となります。では個別化とは一体何でしょうか？

　下記にある二つの事例を通して考えてみましょう。

＊事例Ⅰ

　　　Ａさん（85歳、認知症、要介護３）は長女と同居しています。長女は日中仕事で不在のため、Ａさんはデイサービスを週５回利用しています。そこでＡさんはおやつを食べ終わると決まって、「娘の晩御飯の支度をしないといけないので帰ります」と言い、そわそわし始めます。

　介護職員は「Ａさんの娘さんは今日用事で出かけているから、ご飯は

いらないと言ってましたよ。お母さんゆっくりしてきてねと、言付かりました」とＡさんに伝えました。すると、「あら、そうだったの。じゃあゆっくりしていこうかしら」と言い、椅子に座ってくつろがれています。

＊事例Ⅱ

　　Ｂさん（80歳、認知症、要介護３）は次女と同居しています。次女は介護疲れがあり、担当ケアマネジャーの紹介で１か月ほど前よりデイサービスを利用し始めました。Ｂさんは「娘が待っているので帰りたい」としきりに訴えられます。

　そこで介護職員は「娘さんは出かけているので、急いで帰らなくても大丈夫ですよ」とＢさんに伝えました。すると、「娘が家にいないの！それは大変！」とますます落ち着きがなくなってしまいました。

　さて、認知症であるＡさんとＢさんに介護職員は同じような対応をしましたが、どうして反応が違ったのでしょうか？

　それは、人は一人ひとり違うということです。

　同じ病気、介護度、家族構成だったとしても、同じ介護が必要ということではありません。人は生活歴や生活に対するこだわり、教育観、宗教観などさまざまな価値観をもっています。また家族もいます。これらが相互に絡み合っているため、利用者一人ひとりに個別の支援が必要なのです。個別の支援をするうえで、その方を知るための情報収集力も介護職員に必要なスキルの一つです。

　どのような情報が必要なのかしっかりと捉え、介護のプロフェッショナルとして、多角的に利用者をアセスメントしていく必要があります。

３．ICF（国際生活機能分類）

ICF（国際生活機能分類）

　ICFは世界保健機関（WHO）において、1980年に国際疾病分類（ICD）の補助として発表された、機能障害と社会的不利に関する分類であるWHO国際障害分類（ICIDH）の改訂版として、2001年５月、ジュネーブで開かれた第54回WHO総会において採択がなされたものです。

　この改定により、国際障害分類の内容が大幅に見直しがなされ、ICFとして充実されました。その最も大きな特徴は単に心身機能の障害による生活機能の障害を分類するという考え方ではなく、活動や社会参加、特に環境因子というところに大きく光を当てていこうとする点です。

ICF の目的

　ICF は多くの目的に用いられうる分野であり、さまざまな専門分や異なった領域で役立つことをめざしています。ICF の目的を個別にみると、以下の通りです

・健康状態と健康関連状況、結果、決定因子を理解し、研究するための科学的基盤を提供。

・健康状態と健康関連状況とを表現するための共通言語を確立し、それによって、障害のある人々を含む、保険医療従事者、研究者、政策立案者、一般市民などのさまざまな利用者間のコミュニケーションを改善すること。

・各国、各種の専門保健分野、各種サービス、時期の違いを超えたデータの比較。

・健康情報システムに用いられる体系的コード化用分類リストの提供。

ICF の適用

　1980 年の試案の公刊以来、ICIDH はさまざまな用途に使用されてきた。例えば；

・統計ツールとして：データ収集・記録（例：人口統計、実態調査、管理情報システム）

・研究ツールとして：結果の測定、QOL や環境因子の測定

・臨床ツールとして：ニーズの評価、特定の健康状態と治療法との対応、職業評価、リハビリテーション状の評価、結果の評価

・社会政策ツールとして：社会保障計画、補償制度、政策の立案と実施

・教育ツールとして：カリキュラムの立案、市民啓発、ソーシャルアクション

★ ICF の 6 つの構造

・「健康状態」

・「心身機能・身体構造」

・「活動」

・「参加」

・「環境因子」

・「個人因子」

★ ICF の 5 つの特徴

・相対的独立性があります

・相互作用があります

・活動における「実行状況（している活動）」「能力（できる活動）」を明確に区別し、両方を捉えることが必要です

・背景因子の影響を重視する。環境・個人は、環境因子の影響を重視します

・プラス面を重視します

☆健康状態とは☆

　ICIDH では疾患、外傷に限られていましたが、ICF ではそれらに加え、妊娠・加齢・ストレス状態など、「生活機能」の低下を引き起こす可能性のあるもの全てを含む非常に広い健康上の問題です。

　妊娠は「異常」ではなく、喜ばしいことではあるものの「生活機能」にいろいろな問題を起こし得ます。

☆心身機能・身体構造☆

定義：心身機能とは、身体系の生理的機能（心理的機能を含む）です

　身体構造とは、器官・肢体とその構造部分などの、身体の解剖学的部分です

　機能障害（構造障害を含む）とは、著しい異変や喪失などといった、心身機能または身体構造上の問題です

　例：心身機能に「視覚機能」のような基本的な感覚を含み、それに対応する身体構造として「目及び関連部位の構造」があります

　生命の維持に直接関係する、身体・精神の機能や構造で、これは心身機能と身体構造とを合わせたものです。

　心身機能とは、たとえば手足の動き、精神の働き、視覚・聴覚、内臓の働きなど。

　身体構造とは、手足の一部、心臓の一部（弁など）などの、体の部分のこと。

☆活動と参加☆

定義：活動とは、課題や行為の個人による遂行のことです

　参加とは、人生・人生場面の関わりのことです

　活動制限とは、個人が活動を行なう時に生じる難しさのことです

　参加制約とは、個人がなんらかの生活・人生場面に関わるときに経験する難しさのことです

　実行状況（している活動）：個人が現在の環境のもとで行なっている活動／参加を表わすものです

　能力（できる活動）：ある課題や評価を遂行する個人の能力を表わすものです

　生活行為、すなわち生活上の目的をもち、一連の動作からなる、具体的な行為のこと。

　これはあらゆる生活行為を含むものであり、実用歩行やその他の ADL（日常生活行為）だけでなく、調理・掃除などの家事行為・職業上の行為・余暇活動（趣味やスポーツなと）に必要な行為・趣味・社会生活上必要な行為がすべてはいる。

　また ICF では「活動」を「できる活動」（「能力」）と「している活動」（「実行状況」）との 2 つの面に分けて捉える

☆背景因子☆

　背景因子は、個人の人生と生活に関する背景全体を表わします。それは環境因子と個人因子の２つの構成要素からなり、ある健康状態にある個人やその人の健康状態や健康関連状況に影響を及ぼしうるものです

　環境因子：人々が生活し、人生を送って物的な環境や社会的環境、人々の社会的な態度による環境を構成する因子のことです

　① 人的環境：家族・親族・友人・知人・同僚・仲間・介護力など

　② 物的環境：自宅か施設か・居室の環境・福祉用具・資産・自然環境など

　③ 社会的制度的環境：公的または私的サービス・制度・政策・介護保険法・障害者総合支援法など

　個人因子：個人の人生や生活の特別な背景であり、健康状態や健康状況以外のその人の特徴からなります

活動

　環境因子は心身機能、身体構造活動、参加といった構成要素と相互作用します。

　障害は、個人の健康状態と個人因子間の複雑な関係の結果として、またその個人が生活している状況を示す外部因子の結果として特徴づけられます。このような関係のために異なった環境はある健康状態にある同一の人に対して、非常に異なった影響を及ぼしえます。阻害因子を含んでいたり、促進因子のない環境は、個人の実行状況を制限するでしょうし、より促進的な環境はその実行状況を向上させるでしょう。

参加

　家庭や社会に関与し、そこで役割を果たすことです。

　社会参加だけではなく、主婦として、あるいは親としての家庭内役割であるとか、働くこと、職場での役割、あるいは趣味にしても趣味の会に参加する、スポーツに参加する、地域組織のなかで役割を果す、文化的・政治的・宗教的などの集まりに参加する、などの広い範囲のものが含まれます

相対的独立性とは

　これは、互いに影響は与えあうけれども、それぞれのレベルには独自性があって、他からの影響で全部決まってしまうことはないことです

　もし他のレベルで全部決まってしまう、たとえば典型的な「医学モデル」の考え方であるが、「心身機能・構造」レベルが決まれば、それで「活動」レベルも「参加」レベルもすべて決まってしまうのであれば、そもそも３つのレベルを分ける必要はありません。そうではなく、それぞれのレベルにかなりの独自性があるからこそ、３つに分けて別々にみる必要があるのです。

【具体例：生活機能が低下する因果関係と解決のキーポイントは別】

　たとえば脳卒中（健康状態）で右片麻痺（「心身機能」の低下：機能障害）があり、それによって歩行困難や仕事上の行為の困難（活動制限）が生じて復職が困難（参加制約）となる可能性があるとする。

　しかし問題解決策として、麻痺の回復が不十分でも、実際の生活の場や通勤ルートしでの歩行訓練、仕事上の行為の訓練などの「活動」への働きかけや、その際の杖・装具の活用（環境因子）によって、短期間でそれらが可能となり（活動向上）、復職が可能となる（参加向上）ことは十分可能であり、そのような例は多い。
　この例でいえるのは、歩行やその他の行為が困難になった直接の理由は麻痺など（「心身機能」の低下）であるが、それを直接治さなくても、「歩く」という「活動」そのものへの働きかけ（歩く練習など）、そして杖・装具という「環境因子」の活用による「活動」向上への働きかけが効果的であるということである。これは「活動」レベルの相対的独立性の活用である。

　この例からいえるのは、「生活機能が低下する因果関係と解決のキーポイントは別だ」ということである。すべてではないが、そういうことが多いのである。

相互作用とは
　「相互依存性」とは、生活機能モデルの各要素が互いに影響を与え合うということである。これは生活機能モデル図では矢印で示されている。

４．連携

　「社会福祉士及び介護福祉士法」の業務規定より
　（連携）第47条
　２　介護福祉士は、その業務を行うに当たっては、その担当する者に、認知症であること等の心身の状況その他の状況に応じて、福祉サービス等が総合的かつ適切に提供されるよう、福祉サービス関係者等との連携を保たなければならない。

　介護職は支援を必要とする人にサービスを提供します。しかし、利用者一人ひとりのニーズに応じた質の高いサービスを行なうには介護職だけでは不可能です。介護職チームだけでは対応できない、越えられない壁を乗り越えるため

には多職種の力が必要です。

　異なる専門性をもつ職種（多職種）が目的を共有し、それに向かって取り組む（協働）ことで 互いの専門職としての能力を活用して効果的なサービスを提供することができます。

例えば排泄の一連の動作を思い浮かべてみましょう。

> ①尿意・便意を感じ、トイレに行くタイミングを判断する。
> ②トイレに移動し、ドアを開けて入る。
> ③トイレ、便器を確認する。
> ④排泄に適するよう衣服を脱ぐ。
> ⑤便器を使用する適した姿勢をとる。
> ⑥腹圧をかけ、排尿・排便をする。
> ⑦排泄後の清拭と、トイレットペーパーの処理をする。
> ⑧衣服を着て整える。
> ⑨排泄後の便器の洗浄をし、手を洗う。
> ⑩生活の次の場所へ移動する。

　このように、排泄にはさまざまな機能がはたらくことで成り立つ動作です。

　しかし、自分で排泄のコントロールができないとしたら介護職だけで対応は可能でしょうか。

　もしも尿意・便意を感じるが出にくいことがあるとすれば、どうすればいいでしょうか。

　手すりがないため立ち上がりや座位を安定しないとすれば、環境整備はどうするのか。

　また脱水や便秘が原因で不安が強くなり、認知症の症状がひどくなったりすることがあります。

　排泄の失敗は、前立腺肥大や膀胱炎など身体の病気が原因となることもあります。

　もしどこかに支障が生じた場合、個々の問題に適した専門職へつなぎチームアプローチをしていかなければなりません。

　利用者の一番近くにいるのは、生活を支援している介護職です。ケアする中で、利用者の状態をよく観察し、いつもの状態をよく知っているため、「あれっ？ いつもと違うな」と些細な 変化に気づくことができます。その気づきを自分以外の誰かにつなぐことで、チームアプローチへ広げていきます。

　まずは、介護職が気づきをもち、それを次に伝えることから始まるチームアプローチは、介護職もチームの一員として重要な存在となります。

第2章　演習

1　認知症：（施設編 / グループホーム）

**学びの
ポイント**
①認知症について正しい知識をもつ。
②目に見えるものにとらわれず、行動の原因やその感情を考える。

学びの基礎知識

　認知症とは、さまざまな原因で、脳の細胞が壊れてしまったり、働きが悪くなって、記憶力や判断力が低下し、日常生活にまで支障が出るような状態のことです。原因となる病気は約70種以上あると言われています。その中でも、アルツハイマー性認知症、脳血管性認知症、レビー小体型認知症、前頭側頭型認知症は4大認知症と言われています。

　誰にでも生じる共通の症状としての「中核症状」と、中核症状に環境などさまざまな要因が加わって二次的に生じる「行動・心理症状（BPSD）」があります。
・「中核症状」・・・記憶障害、失語、失行、失認、見当識障害、実行機能障害
・「行動・心理症状」・・・うつ状態、意欲の低下、妄想、焦燥感、徘徊、暴力、異食、昼夜逆転

　認知症の行動・心理症状は必ずしも生じるわけではありません。本人の性格、環境、人間関係などの要因がからみ合って、精神症状や日常生活における行動上の問題が起きてくるのです。これらは「安心」や「心地よい」という感情により緩和し予防することができます。本人がいまどんな感情をもっているのか考える事が大切です。

考える事例

　認知症が誰もがなる可能性のある身近な病気で、現在、65歳以上の4人に1人が認知症かその予備軍である軽度認知障害と言われています。高齢化の進展に伴い、認知症の人はさらに増加し、2025年には約700万人（約5人に1人）になると予想されています。いまや老後の最大の不安となり、超高齢社会を突き進む日本にとって最重要課題の一つとなっています。

　（認知症の人の意思が尊重され、できる限り住み慣れた地域のよい環境で、自分らしく暮らし続けることができる社会の実現をめざす）〜新オレンジプランより〜

　しかし、認知症について正しい理解がすすんでいないため、不安や悩みを一人で抱え、支援の手が差し伸べられず、追い詰められている家族や介護者が多くいます。まずは正しい知識をもち、本人の「尊厳ある暮らし」をみんなで守ることができます。

事例 ）【タイトル：自分の居場所を探す女性】

▶Ⅰ 事例の状況

　グループホームに入居して約１年が経ちます。何も知らされずに突然の出来事で、本人は不安と戸惑いで毎日家に帰りたいと訴えます。グループホームで生活することを受け入れ、安心して暮らすことができるよう支援していく事例です。

▶Ⅱ この事例で課題と感じている点

　新しい環境で生活することを受け入れられず、身の置き場がないため落ち着くことができません。少しでも安心できるように本人の不安な気持ちを聞いたり、好きなことをして過してもらいますが気持ちは変わらないままです。なぜ「家に帰りたい」のか、本人のこころの声に耳を傾けて感じ取ることが大切です。

▶Ⅲ キーワード

　家に帰りたい　　不安　　居場所

▶Ⅳ 事例概要

［年齢］　84 歳

［性別］　女性

［職歴］　主婦

［家族構成］　入所前は夫と２人暮らし。近所に長女夫婦が住んでいる。

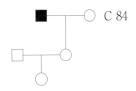

［要介護状態区分］　要介護１

［認知症高齢者の日常生活自立度］　Ⅱa

［既往歴］　なし

［現病］　アルツハイマー型認知症

［服用薬］　アリセプト、メマリー

［コミュニケーション］　良好

［性格・気質］

［ADL］　一部介助

［障害高齢者の日常生活自立度］　J2
［生きがい・趣味］　歌

［生活歴］

　子どもの頃は妹や親戚とにぎやかに暮らしており、歌をうたうことが好きで18歳まで詩吟を
していた。結婚して周囲に知り合いがないために、涙を流して過ごしていた。体が弱く、子ども
が一人しか産めなかったことをとても後悔している。長女が働いていたため孫の世話を一生懸命
していたが、手が離れてしまい寂しさを感じている。

［人間関係］

　長女は月2回の面会で、病院受診の付添いや外食に連れて行く。夫は月1回の面会。人と話を
するのが好きだが、自分の話を聞いてもらえなかったり、興味のない話になると退屈を感じる。
職員と話をするときは"一人娘"、"生まれ故郷"についてくり返し同じ話をする。

［本人の意向］　家に帰りたい。
［事例の発生場所］　グループホーム

▶V 支援の経過

▷9月上旬

　入居日は長女付添いのもと来る。以前に一度見学に来ていたためここへは2度目であるが、この
度入居することは本人は知らされていない。職員や他の入居者と挨拶を交わし、お茶を共にする。
長女は「母が一緒に帰ると言ってはいけないから」と気づかれないようにホームから出ていく。し
ばらくして「あれっ？娘どこいった？」と長女の姿がないことに気づくが、その時々の声かけで探
す行為はなくなる。

　入居から数週間経過し、家に帰りたい気持ちは続く。「私、道わかるから帰らせて」と言われた
ため、職員付き添いのもと外に出る。C氏は一目散に歩き出したが、どこかへ向かっているという
より、ただ歩く。位置関係が不明で、時折立ち止まっては周りをキョロキョロ見てはひたすら歩い
ているが、ホームからは離れてはいない。傍で付き添っている職員に対して、「私一人で帰れます
から。大丈夫です」と会話をやりとりしながら約30分経過する。顔からは汗を流し、徐々に足取
りが重くなってきたため、「少し休憩していきませんか。」とC氏に声をかけ、ホームに帰る。少
し疲れた様子で、水分補給をして体を休めている間は、言葉は発しなかった。一休みしてから再
び、帰りたい気持ちが見え始めてフロアを行ったり来たりと歩き出す。

▷10月以降

　入居1か月経つが、「家に帰りたい」という言葉を何度も発して、自宅で待っている夫を心配し

ている。その様子を長女に報告すると「家に帰りたいって言われたらどうしよ。あんまり会いに行かない方がいいんやろか」と不安な気持ちを言葉にする。

　話相手がいないとふと帰ることを思い出し落ち着かないため、最初は会話することを多く取り入れた。その内容は「うち一人娘でね。男の子ができなかったの」という過去を後悔する話や、「私は〇〇の生まれでね。おたく〇〇って知ってます？ごっつい山奥や」と故郷を懐かしむ話を何度もくり返す。人と話をすることが好きで、また自分が中心となって話を聞いてもらえることが嬉しい。

　長女の面会は病院受診と外出の月2回であり、そのとき本人は明るい表情で出かける。数時間後ホームに帰ってくると「お邪魔します。うわー、ここ初めて来る」とよそよそしい様子で入られる。長女が傍にいると帰りたいことを口にしないが、姿が見えなくなるとすぐ「帰りたい…」と不安な気持ちに変わる。

　ある日、居室のタンスに入っている衣類を全て出し、帰る支度を始める。「今日はもう遅いので泊まっていきませんか？」と職員が声をかけると、「そうやな・・・」と衣類をタンスに戻す。しかしまた衣類を出して、帰りたいことを口に出す。何度かくり返した後、疲れ切った様子でベッドに横たわっていた。

▷翌1月

　自宅近所に住んでいる知り合いが訪ねて来られる。C氏は明るい表情が見られ、その間は帰りたい気持ちはなく、ソファに座ってその方と話が弾んでいた。誰かと話をしている間、特に自分が主になって話ができると話が絶えず、時折感情が高ぶって興奮したりまたは涙を流すこともある。

　自宅で生活しているときは一人で外に出かける事が多く、「人との交わりを求めて家を出ていくのだと思います」と娘は言った。

　食後の後片付けを一緒に行なってみる。洗った食器を布巾で拭く作業をお願いすると、「こうか？これでええんか？」と念入りに確認をしながら、一つひとつ丁寧に拭き取る。また別日は手すりの拭き掃除、洗濯物干しなど日常生活の中で行なえる家事を職員と一緒に行なうことを少しずつ取り入れていく。くり返し同じ手順で行えるものであれば最後まで黙々と手を動かしている。

　机拭きをしているとき、他の入居者座っているいる目の前で同じ所を何度も拭いていたために「いつまで拭いてるんや」と注意を受けたことがあった。しかしその声も耳に入らず、拭くことだけに集中していた。

▷8月

　娘は「母のためにできることは協力します」と入居当初より毎月の受診、外出と付き添う。しかし、帰りたいと言われることに応えることはできないため、C氏に気付かれない間にホームを出る。「一度、お母さんに帰ると声をかけてみませんか。何かあれば私たちがお手伝いしますので」

と娘に話を出すと、「では一度やってみます」と受けてもらえる。

　帰る際、「じゃあ帰るわな。お母さんがここに泊まるんやで」と娘がC氏に声をかけると、すんなりと返事をしてその場を後にした。

▶Ⅵ 考察

　何も知らされずに突然の出来事で、本人は不安と戸惑いで毎日家に帰りたいと訴えるC氏に対して、グループホームで生活することを受け入れ、安心して暮らすことができるよう支援していく事例です。

　アルツハイマー型認知症は、不安や孤独を感じやすく、急激な変化に対応しづらい特徴があります。また個人の反応様式や行動パターンがあり、周囲の対応次第で尊厳が傷つきやすい面ももっています。

　今回のC氏の周辺症状に対して、軽減するために行なっている支援はその場だけの対応でしかなかったと言えます。「家に帰りたい」この気持ちにはどんな本人の感情が込められているのか。目に見える行動だけをとられるのではなく、行動の原因、その感情を考えていかなければなりません。

　本人が安心できる心地いい場所と感じることができるように寄り添う姿勢が大切です。

演 習 1　　　　　　　　　　　　　個人で考えよう

┌───┐
☆ポイント
　　　この事例での認知症ケアについて、それぞれの問題点を整理してみましょう。
└───┘

▶①この事例を読んだ感想を書きましょう。

▶②この事例を理解した上で、あなたなら、どのような支援を考えますか。

演習②　　　　　　　　　　グループで意見交換しよう

☆ポイント
　　　事例をもとに、行動の原因やその感情について考えてみましょう。

▶①グループをつくり、ブレーンストーミング法を活用して、話し合ってみましょう。

▶②各グループでの話し合いの結果をまとめて、シェアリングしましょう。

この事例をよりよく分析してみよう

☆ポイント
　　　この事例について、本人が安心して暮らすことができるよう、
　　ほかの有効な援助があるか考えてみましょう。

▶①この事例の場合、どのようなチームケアが考えられるでしょうか。

_____

_____

_____

_____

_____

_____

_____

_____

_____

_____

▶②この事例の終結としては、例えば、どのようなことがより一層、望ましいでしょうか。

_____

_____

_____

_____

_____

_____

_____

_____

_____

_____

振り返りシート

▶①この事例から、あなたはどのようなことを学びましたか。

▶②演習を通して、難しかったことや、今後に活かすために、どのような学習のポイントが考えら
　れましたか。

▶③この演習のポイント、ねらいは、理解できましたか。

氏　名	学　籍　番　号	講　義　名

2　独居高齢者：（在宅編 / デイサービス）

学びの ポイント	①在宅における独居高齢者の支援について考える ②支援者として自己決定について考える

学びの基礎知識

　日本は、諸外国に例をみないスピードで高齢化が進んでいます。65歳の人口は現在3,000万人を超えており（国民の4人に1人）、2042年の約3,900万人でピークを迎え、その後も75歳以上の人口は増加し続ける事が予想されています。このような状況の中、団塊の世代（約800万人）が75歳を迎える2025年以降は、国民の医療や介護の需要が、さらに増加することが見込まれています。

　このため厚生労働省は2025年を目途に、高齢者の尊厳の保持と自立生活の支援の目的のもとで、可能な限り住み慣れた地域で、自分らしい暮らしを人生の最後まで続ける事ができるよう、地域の包括的な支援・サービス提供体制（地域包括ケアシステム）の構築を推奨しています。

　こういった国の方針もあり、在宅での介護サービスの必要性が益々高まってきています。施設介護や通所介護とは大きく違い、利用者の「生活の場」での具体的なサービスを提供することになるのです。利用者の一人ひとりの「こだわり」や「その人らしさ」を大切にしながら支援をするという視点が介護福祉士として必要になってきます。

考える事例

　対人援助に関わる援助者の行動規範として「バイスティックの7原則」があります。
　1．個別化の原則…相手を世界でただ一人の人間として捉える。
　2．意図的な感情表現の原則…相手の感情表現を大事にする。
　3．統制された情緒的関与の原則…自分は自分の感情を自覚して吟味する。
　4．受容の原則…受け入れる。
　5．非審判的態度の原則…相手を一方的に非難しない。
　6．自己決定の原則…相手の自己決定を促して尊重する。
　7．秘密保持の原則…秘密を保持して信頼感を醸成する。
　利用者の訴えを傾聴し、理解し受け入れ、自己決定を促すことは大変重要ですが、時に利用者の訴えをそのまま受け入れる事が、利用者やその家族の不利益に繋がるケースもあります。介護士としてどのように自己決定を尊重していくべきか考えてみましょう。

事例　【タイトル：入浴を拒否する独居高齢者の支援】

▶Ⅰ 事例の状況

　佐藤 二三子さん（85歳、要介護1）は、独居生活をしています。近隣に住む長女が食事や買い物、掃除などの支援をしていますが、仕事をするようになり長女の負担が大きくなっていました。また鬱病や糖尿病による末梢神経障害による手足の痺れがあり、1人の時に何かあったら怖いと入浴に対しての恐怖心が強くなっています。1人で浴槽にお湯を張って入浴しようとしたところ、波のように揺れる湯船を見て気分が悪くなり、シャワーを浴びることに対しても恐怖心を持つようになりました。そこで娘さん、本人、ケアマネージャーと相談し、掃除や買い物の支援と入浴の見守りや手伝いをAヘルパーステーションのヘルパーが担当することになりました。ヘルパーが支援に伺い入浴の支援のために声掛けすると「今日は1回も外に出ていないし、汗もかいていないからお風呂に入らなくてもいいです」と言われました。ヘルパーは「外に出なくても汗は少しかいていますよ。さっぱりすると思いますしお手伝いしますので、短時間でもいいので入りましょう」と声掛けすると「しつこいわね。 私が少し臭くたって誰に迷惑をかけるわけじゃないんだから良いでしょう！」と怒ったように言われました。

▶Ⅱ この事例で課題と感じている点

　入浴支援の予定の日になっていましたが、本人の拒否が強く上手に誘導できそうにありません。ヘルパーとして今後も支援を継続するにあたり、本人との信頼関係を構築するために入浴を中止した方が良いのか、それとも決められた支援計画に基づいて本人をもう少し説得した方が良いのでしょうか？介護職の対人支援における自己決定という観点から考えていきましょう。

▶Ⅲ キーワード

　在宅生活の継続支援　　　自己決定　　　主体的ニーズ　　　規範的ニーズ

▶Ⅳ 事例概要

［年齢］　84歳
［性別］　女性
［家族構成］　独居

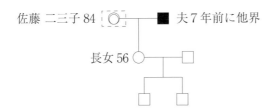

佐藤 二三子 84 ○─■ 夫7年前に他界
　　長女 56 ○□

［要介護状態区分］　要介護1

［認知症高齢者の日常生活自立度］　Ⅱa

［既往歴］　鬱病、急性胆嚢炎 廃用症候群

［現病］　不安神経症、糖尿病

［コミュニケーション］　予定外の事が起きるとパニックになる。パニックになると興奮しコミュニ
ケーションがとりづらい。

［性格・気質］　心配性。人からいろいろ言われるのは好きではない。

［ADL］　1年前に急性胆嚢炎になり手術してから下肢筋力低下あり。自宅内は手すりをつけ、外出
は歩行器を使用している。時々自宅内で転倒される。受診などは娘さんの見守りが必要。

［ヘルパー支援利用の経緯］

> 　夫は厳格な人で、ずっと専業主婦で生活されてきた。7年前に夫を亡くしてから精神的に不安
> 定になりパニックをおこしたりして救急車で搬送されたことが何度かある。心配した1人娘が近
> くにあるシルバーハウジングに空きがでたので佐藤さんは4年前から、娘の支援を受けながらシ
> ルバーハウジングで生活をされている。1年前に急性胆嚢炎になり手術の為入院してから廃用性
> 症候群になり、退院後は介護保険で住宅改修による手すり設置をし、2回/週運動特化型のデイ
> サービスによる運動を継続した結果お元気になられていましたが、今まで頻繁に支援をしていた
> 長女が家庭の事情で仕事を始めて多忙になったり、春先になって糖尿病が悪化し痺れを訴えた
> り、精神的に不安定になり入浴ができないことが増えてきたため、デイサービスに加え、ヘル
> パーの支援を導入する事になる。
>
> ※シルバーハウジング…住宅施策と福祉施策の連携により、高齢者の生活特性に配慮したバリア
> フリー化された公営住宅等と生活援助員（ライフサポートアドバイザー）による日常生活支援
> サービスの提供を行なう、高齢者世帯向けの公的賃貸住宅の事。

［人間関係］

> 　シルバーハウジングの生活援助員の朝、夕の訪問を楽しみにしている。長女は忙しくても夕方
> 1回は必ず寄ったり、孫も事あるごとに顔を出しており家族関係は良好である。近隣との付き合
> いはあまりない。デイサービスではスッタッフがいい人だと、休まずに通われている。

［本人の意向］　一人での生活が不安です。娘が頻繁に支援してくれるが娘も忙しいのでいろいろと
助けてほしい。

［長女の意向］　できるだけのことは手伝いますが、介護サービスを利用していろいろな人と関わっ
て穏やかに暮らしてほしい。入浴をして清潔にしてほしい。

▶Ⅴ 支援の経過

　鬱病もあり、昔パニックになった事もあると聞いていたので、ヘルパーは落ち着いていただくた

めに入浴を勧めるのをやめ、掃除の支援を始めました。掃除をしながらゆっくりと話しかけ、暫く
たって再度声をかけましたが、今度は落ち着いた様子で「ごめんなさいね。今日はやっぱりいい
わ」と言って、結局入浴することはできませんでした。支援終了後、ヘルパーはサービス担当責任
者に支援の状況を報告しました。サービス担当責任者から、担当ケアマネージャーに連絡が行き、
長女にも入浴できなかったことが伝えられましたが、長女は「私でも説得してもなかなか入れられ
ないので、少しずつでも構いません」と話されたことが伝えられました。そこで、介護計画として
まずは、足浴や清拭などから誘導していき、少しずつ恐怖心を取り除く事になりました。

　週に3回の支援で、掃除、買い物や簡単な調理等をしながら、声掛けをし次第に掃除をしている
間に桶に湯を張っての足浴はされるようになってきました。また声掛けにより背中を拭いたりする
ことは抵抗をすることが少なくなりました。ヘルパーの支援が入ってから3か月ほどたち、7月の
汗をかく時期になると背中を流したり、頭を洗う手伝いをし不定期ではありますが3〜4回／月程
度はシャワーの支援が受けられるようになりました。

　しかし精神的に不安定な時にはヘルパーが訪問した途端に「今日は自分で体をもう拭いたから大
丈夫」「頭は美容室に行って洗ってもらうから、放っておいて」「波のように揺れて　怖かった」等
の発言は以前よりは減ったものの話されることもありました。

　掃除の際、鱗屑（乾燥して皮膚表面から小さく角化、剥離した表皮やふけ）が落ちており、ご自
身で拭いているのかそれほど匂いは感じませんでしたが、頭髪はいつもゴムで縛ってあり、べった
りとしたような感じに見えていました。また背部に汗疹のような湿疹もできており、掻痒感の為か
掻き傷もみられてきたため、再度佐藤さん、長女、担当ケアマネージャー、サービス担当責任者で
話し合いがもたれました。
　担当のケアマネージャーが入浴について触れると最初は「自分で拭いているから大丈夫」と笑顔
で話していましたが、次第に機嫌が悪くなり、「誰にも迷惑をかけていないじゃない！」と怒り始
めました。ただ背中に湿疹があり痒みもあることから、ご自身では背中に薬を塗れないのでヘル
パーが居る時に背中を拭いてもらったり、シャワーで流してから薬を塗ってもらい早く治して欲し
いと長女が話されると、「わかった」と少し納得されたようでした。また、長女が時間があった
ら、昔行った銭湯に一緒に行ってみます。という事で同意を得ました。さらに信頼をおいているシ
ルバーハウジングの支援員にも、訪問の際に入浴　の声掛けや、見守りをお願いすることになりま
した。

　話し合いがもたれた後は、暫くはシャワーに入って薬を塗ったりしましたが、湿疹が改善し、暑
い季節が過ぎると、またシャワーはせず、足浴のみになったりし、なかなか入浴はできませんでし
た。また長女が銭湯に誘ったときは、本人の体調が悪かったり、長女自身が　忙しいため結局銭湯
に行くこともできていませんでした。ヘルパーによる入浴に対する支　援は、なかなか進まない状

況でした。

佐藤さんが担当のケアマネージャーに、今のデイサービスも楽しいが、知り合いが行っているデイサービスに一緒に行きたいと話されました。そのデイサービスは運動特化型の短時間のデイサービスでしたが入浴サービスもありました。体験利用の際、ケアマネージャーが入浴を勧めると、今まで怖いと言っていたり、体を拭く事すら拒否していましたが、友人が入浴すると、何事もなかったのようにすっと入浴されました。そのため、入浴はデイサービスで行ない、現在はヘルパーは買い物や掃除の支援でサービスに入っています。

▶Ⅵ 考察

今回のケースでもわかるように在宅での支援の場合、利用者の状況に応じて臨機応変に支援を変更していかねばなりません。例えば月・水・金で月は入浴、掃除、水は買い物、調理、金は入浴買い物などと、ケアマネージャーによる支援内容で同意を得られていても、実際利用者の訴えや状態に応じ支援内容を考える必要があります。鬱病がありパニックを起こしやすい利用者の為、興奮しないような声掛けををしたり、関係性を構築していく事が大変重要になります。支援毎の声掛けや、最初から入浴ではなく足浴から始め、利用者の安心感を得たり、信頼感を得る事でシャワーなどの支援もできたのだと思われます。

支援内容の変更などがあれば必ずケアマネージャーなど関連機関と連携を取りサービスの修正や、サービスの方法の検討をしていかなければなりません。ヘルパーとして利用者の生活を支援する時間は週に2～3回、1時間程度にしかすぎません。しかしその利用者の24時間の暮らしを頭に描き、今なぜこの支援が必要かを考える事が必要になってきます。そのため、限られた時間の中でその方に必要な支援を提供するためにきめ細やかな介護計画が必要になってくるのです。また、今回のように別のアプローチが功を奏することも学びになりました。

支援者として利用者の訴えに傾聴し、自己決定を尊重する事は大変重要ですが、今回のケースのように「入浴をしなくて臭くても誰にも迷惑をかけない」と言う主体的ニーズにより、利用者の決定を尊重することは、皮膚トラブルにつながったり、母親が清潔を保って穏やかに暮らしてほしいと願っているご家族の意見とは相反するところになります。そこで規範的ニーズとすり合わせ、他職種、ご家族などと連携を図り本人ができるだけ正しい決定ができるように支援していく事も重要になってきます。

演 習 ①　　　　　　　　　　個人で考えよう

☆ポイント

▶①この事例を読んだ感想を書きましょう。

▶②この事例を理解した上で、あなたなら、どのような支援を考えますか。

演習 ② グループで意見交換しよう

☆ポイント

▶①グループをつくり、ブレーンストーミング法を活用して、話し合ってみましょう。

▶②各グループでの話し合いの結果をまとめて、シェアリングしましょう。

演習③　　　　　　　　この事例をよりよく分析してみよう

☆ポイント

▶①この事例の場合、どのようなチームケアが考えられるでしょうか。

▶②この事例の終結としては、例えば、どのようなことがより一層、望ましいでしょうか。

振り返りシート

☆ポイント

▶①この事例から、あなたはどのようなことを学びましたか。

▶②演習を通して、難しかったことや、今後に活かすために、どのような学習のポイントが考えられましたか。

▶③この演習のポイント、ねらいは、理解できましたか。

氏　名	学　籍　番　号	講　義　名

3　障害：（施設編 / 障害者支援施設）

学びの
ポイント

①障害者について正しい知識をもつ

②障害者本人と家族を支援する方法を考える

学びの基礎知識

　障害者基本法による障害者の定義：身体障害、知的障害または精神障害があるために長期にわたり日常生活、または社会生活において相当な制限を受けるもの

　1）身体障害とは、身体機能の一部に不自由があり、日常生活に制約がある状態のことをいい、身体障害者福祉法では、「視覚障害」、「聴覚・平衡機能障害」、「音声・言語・そしゃく機能障害」、「肢体不自由」、「内臓機能などの疾患による内部障害」の5種類に分類される。

　2）知的障害は、日常生活で読み書き計算などを行なう際の知的行動に支障がある状態で、知能指数が基準以下の場合に認定される。知的障害者福祉法では、知的な能力発揮の程度などが個々によって異なるため、細かい規定を設けていない。法令では、「発達期（おおむね18歳未満）において遅滞が生じること、遅滞が明らかであること、遅滞により適応行動が困難であること」の3要件が基準とされている場合が多い。このため、成人になって、病気や事故、認知症などにより知的機能が低下した場合は「知的障害」には含まれない。

　3）精神障害は、脳および心の機能や器質の障害によって起きる精神疾患によって、日常生活に制約がある状態をいう。統合失調症や躁うつ病、うつ病などの気分障害、神経症、パニック障害、適応障害など、さまざまな疾患がこれに該当する。また、精神の変調が髄膜炎、内分泌疾患などの身体疾患によって引き起こされる場合もある。精神保健福祉法では、「統合失調症、精神作用物質による急性中毒又はその依存症、知的障害、精神病質その他の精神疾患」と定めている。

考える事例

　平成30年の内閣府・障害者白書によると身体障害者436万人、知的障害者108万2千人、精神障害者392万4千人となっています（概数）。

　障害者総合支援法により、障害者の自立に対する支援が広がってきています。しかし障害別に状況をみると、身体障害における施設入所者の割合1.7％、精神障害における入院患者の割合8.0％に対して、知的障害者における施設入所者の割合は11.1％となっており、施設で生活している障害者がいるのも現状です。

事例 【タイトル：あの子は障害者だから】

▶Ⅰ 事例の状況

> 身体障害者施設に入居している小田 咲子さん
>
> もともと毎週末外泊していましたが、最近月に1回ほどになっています。咲子さん本人はもっと家に帰りたいと訴えています。母が面会にこまめに来ていますが「風邪をひいてお風呂に入れられない」「最近腰が痛い」などと言い外泊を断っています。更に段々母の面会も減って来ました。
>
> 外出や面会が減ったことによるストレスからか、口数が少なくなり、クラブ活動への参加が減ってきました。職員に対する細かい要求（ex：以前は母が面会時に持ち帰っていた下着を施設で洗濯しているが、男性のものと分けてほしい。レース部分が破れると嫌なのでオシャレ着用洗剤を使用してほしい。）《施設では感染防止のため決められた洗剤を使用》も増えてきて、対応しきれず伝えると泣き出してしまいます。

▶Ⅱ この事例で課題と感じている点

> 今まで毎週外泊できていたのに急に家族から断られてしまいました。理由もはっきりせず咲子さんは戸惑っています。面会も減ってきて今まで家族が行なってくれた身の回りのことを職員に頼まなければならないのですが、母のようにすぐに思った通りにしてもらえずストレスがたまっています。

▶Ⅲ キーワード

> 身体障害者　　身体障害者支援施設　　障害者の自立　　自立支援 家族の思い

▶Ⅳ 事例概要

［年齢］　36歳

［性別］　女性

［職歴］　なし

［家族構成］　父 母 兄

［要介護状態区分］　要介護

［認知症高齢者の日常生活自立度］

［既往歴］　低酸素脳症

［現病］

［服用薬］

［コミュニケーション］　聞き取りにくさはあるが、言語にて可。相手の言っていることはわかるが、難しい言葉はわからない

［性格・気質］　社会生活がほとんどないため年齢より幼稚で要求は通したい、通らないと泣き出

す・トラブルは嫌い

［ADL］　生活全般に介護が必要。施設内では電動車椅子を自走。
外出時は介助型車椅子使用。食事は装具と自助具を用いて摂取しているが、水分は介助している。尿意・便意はあり、2人介助にてトイレで排泄可能。夜間のみオムツ着用。自力で体位交換できないため定時に介助している。入浴はリフト浴で洗身・洗髪全介助。

［障害高齢者の日常生活自立度］

［生きがい・趣味］　施設のクラブ活動で書道や絵画教室に参加している・家族外泊や外出することを楽しみにしている

［生活歴］

小学校3年生のときに、友達と雪遊びをしていた際、雪が崩れ生き埋めとなる。低酸素脳症のため四肢麻痺が残る。退院後、障害児療育施設に入居する。
入院中の院内学級を経て小学校5年生から特別支援学校に通学。18歳になり現在の障害者支援施設に入居する。施設からスクールバスで学校に通学し高等部まで卒業する。その後就職することなく施設での生活が続いている。

［人間関係］

毎週末家に外泊している。家では両親と兄と過ごしたり、出かけたりしている。
施設内の利用者との人間関係は良好。職員に対しては女性の介護福祉職の介助を希望している。

［本人の意向］　今までのように外泊をしたい、洗濯物などは自宅で行なってもらっているように施設でもしてもらいたい

［事例の発生場所］　障害者支援施設

▶Ⅴ 支援の経過

担当介護福祉職が咲子さんがいないときに母に咲子さんの思いや、外泊や面会が減ってきてからの咲子さんの様子を伝えると「本人には言っていないが、もうすぐ兄が結婚する予定です。相手に咲子のことは伝えてあるが、毎週外泊に来ていると手がかかると思われ破談になるかもしれません。私達もしんどいし、外泊は無くしていきたい。結婚式にも呼べないと思う。咲子は一生結婚できないでしょうし、ここでお世話になるしか無い」と涙ながらに言われました。また面会に関しては「兄の結婚式の準備で忙しく面会に来れない。結婚式が終わっても、月に1回くらいにしようと思う。このことは咲子には伝えないでください」と言われました。

介護職が「兄の結婚はとても喜ばしいことで、咲子さんも知れば嬉しいのではないでしょうか.きちんと理由を知れた方が咲子さんも納得されるのでは」と伝えると暫く沈黙があったあと「家族と話しあってみます」といい帰られました。

介護職員間でミーティングを行ない、咲子さんのご家族のことを周知しました。ストレスを無くすために外出等の提案がありましたが、施設では個人的な外出支援は行なっておらず、個人で外出

支援事業と契約することが必要です。施設としてなるべく咲子さんの思いを汲み取り、思いの傾聴などを行なっていくこと、家族が求める「言わないで」という思いも尊重しなければならないことを確認しました。

　ある日母と共に兄と婚約者の女性が面会に訪れました。居室でしばらく話しをした後咲子さんの母が介護福祉職に「咲子に 伝えました。私は咲子が障害者であるため、自分が結婚できないと兄の結婚も喜んでもらえないと思っていました。でも咲子があんなに喜んでくれるなんて。面会や外泊が減ったことも納得してくれました。咲子も将来的に私たちがずっと世話をできないこと、施設の職員にお願いしなければならないことはわかっていたようです」と話されました。

　また「結婚式に参加出来ないことにはかわりはありません。当日私たちは咲子の介助ができずボランティアに頼んでも気になってしまう。でも式の後に集合写真を撮りにこちらに来たいです」と言われました。職員間で相談し、集合写真を取れる場所を用意しておくことを約束しました。

　咲子さんは介護福祉職に「お兄ちゃんが結婚する。お嫁さんがきた」ととても嬉しそうに話し「絵画クラブでお祝いの絵を描きたい」と言い以前のように施設内のクラブや行事に参加するようになりました。

　結婚式当日、咲子さんは両親に買ってもらった新しいワンピースを着て介護福祉職に化粧をしてもら いました。結婚式が終わり夕方近くに施設に家族や婚約者家族が訪れ、咲子さんと集合写真を撮っていかれました。絵画クラブで描いたお祝いの絵も無事渡すことができました。

　その後家族で話し合い外泊はお盆や年末年始に行なうこととなりました。外出については「家族と行きたい」という咲子さんの思いはあったものの今後の自立について考え、外出支援事業との契約をし、イベントや買い物に出かけていくようになりました。咲子さん自身の活動の幅が広がり、いきいきと生活されています。

　兄夫婦に子どもが産まれると書道教室で名前を書いたり、絵画教室で似顔絵を描いていました。

▶Ⅵ 考察

　「障害があるから」と家族で考えてしまう事例です。このような考えを持っている方は今でも少なくありません。また利用者本人も両親や介護福祉職に依存した生活が長く、自立について考える機会がないまますごしてしまった事例です。介護福祉職は「障害者」としてではなく「個人」として利用者と接し、家族との間に考えの違いがある場合には仲介者として調整を行なうことが求められます。

　今回の事例では家族の意向もあり結婚式には参加することはできませんでしたが、結婚式に参加するためにはどのような支援を行なえばよいのか、障害者本人の自立について考えてみることも大切です。施設に入居していても自立をめざすことは十分可能ですし、施設を退去し地域で生活する障害者もいます。

演習 ① 　　　　　　　　　　個人で考えよう

┌┈┈┈┈┈┈┈┈┈┈┈┈┈┈┈┈┈┈┈┈┈┈┈┈┈┈┈┈┈┈┈┈┈┈┈┈┈┈┐
┊☆ポイント　　　　　　　　　　　　　　　　　　　　　　　　　　　　　　┊
┊　　　　　　　　　　　　　　　　　　　　　　　　　　　　　　　　　　┊
┊　　　　　　　　　　　　　　　　　　　　　　　　　　　　　　　　　　┊
└┈┈┈┈┈┈┈┈┈┈┈┈┈┈┈┈┈┈┈┈┈┈┈┈┈┈┈┈┈┈┈┈┈┈┈┈┈┈┘

▶①この事例を読んだ感想を書きましょう。

▶②この事例を理解した上で、あなたなら、どのような支援を考えますか。

演習② グループで意見交換しよう

☆ポイント

▶①グループをつくり、ブレーンストーミング法を活用して、話し合ってみましょう。

▶②各グループでの話し合いの結果をまとめて、シェアリングしましょう。

演(習)③　　　　　　　この事例をよりよく分析してみよう

☆ポイント

▶①この事例の場合、どのようなチームケアが考えられるでしょうか。

▶②この事例の終結としては、例えば、どのようなことがより一層、望ましいでしょうか。

振り返りシート

☆ポイント

▶①この事例から、あなたはどのようなことを学びましたか。

▶②演習を通して、難しかったことや、今後の活かすために、どのような学習のポイントが考えられましたか。

▶③この演習のポイント、ねらいは、理解できましたか。

氏　名	学　籍　番　号	講　義　名

4　多職種連携：（在宅編 / 在宅支援サービス）

学びの
ポイント

①さまざまな関係機関との連携する必要性を学ぶ。
②超高齢社会で求められる介護福祉士の役割を考える。

学びの基礎知識

　日本では急速なスピードで高齢化が進み、2007 年には超高齢社会となりました。また日本 では高度経済成長により人口の都市集中化が進み、家族形態が変化してきました。それに伴い単身世帯や高齢者世帯が増加し、以前は家族で行なってきた介護の機能が低下し、家族だけでは介護を行なう事が困難になってきました。2015（平成 27）年の「国民生活基礎調査」によると 65 歳以上の者のいる世帯は全世帯の 47.1％で、そのうち夫婦のみの世帯が 31.5％と単独世帯が 26.3％で約 6 割を占めています。このなかで問題になっているのが、高齢者世帯の増加による老々介護です。このように高齢社会と家族形態の変化により、家族間での高齢者の介護が困難となった状況を受け、社会全体で支えていく仕組みとして介護保険制度が始まりました（介護の社会化）。

考える事例

　介護福祉士の義務として（ 社会福祉士及び介護福祉士法 第 47 条第 2 項）連携が挙げられている。認知症など 担当する者の心身の状況等に応じて、福祉サービス等が総合的かつ適切に提供されるよう、福祉サービス関係者との連携を保たなければならないとされてい る。 利用者や家族との関係だけではなく他職種との連携も介護には必要になってくる。 現在多様な福祉サービスがあり、医師や看護師などの医療関係者や、リハビリ関係などさまざまな関係機関と連携していくことが介護士としての役割である。

事例　【タイトル：思いに寄り添う多種職連携】

▶Ⅰ 事例の状況

　　息子夫婦がA氏の日常の世話をしていた。本人は特に大きい病気はなかったが93歳と高齢で
あった。息子の妻がアルツハイマー型認知症となり、数か月後息子に癌が見つかった。以前は時
折A氏の娘（2人）も様子を見に来ていたが、この頃から日中は父親や兄夫婦のお世話をしに
来るようになった。その後息子が亡くなり、息子の妻の認知症も進行していた。息子が亡くなっ
た後からA氏も少しずつ体力が落ち、息子の妻だけでは介護が難しい状態となった。

▶Ⅱ この事例で課題と感じている点

　　A氏にも息子の妻にも介護が必要となり、お互いに介護サービスを利用している。娘達も
協力的ではあるが、ずっと実家にいることも難しい。息子の妻はアルツハイマー型認知症で、記
憶力の低下が進み徘徊の傾向もみられた。夜間眠れないときもあり、精神的にも不安定な状態が
見られるため、2人だけでの生活は困難になっていた。

▶Ⅲ キーワード

家族介護　　　多職種連携

▶Ⅳ 事例概要

［年齢］　92歳

［性別］　男性

［職歴］　林業

［家族構成］

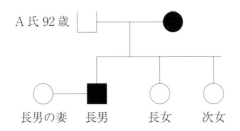

［要介護状態区分］　要介護2

［認知症高齢者の日常生活自立度］

［既往歴］　前立腺肥大症（膀胱瘻あり）

［現病］　特になし

［服用薬］　特になし

［コミュニケーション］　多少聞こえづらくはあるが、会話に問題なし

［性格・気質］　穏やか

［ADL］　一部介助

［障害高齢者の日常生活自立度］　A2

［生きがい・趣味］甘いものを食べること

［生活歴］

> 数年前に妻が亡くなり、長男夫婦と一緒に生活してきた。年に何度か来てくれる孫やひ孫が来るのを楽しみにされていた。以前は友人と一緒に登山や地域行事に参加されていたが、歳を重ねるにつれて難しくなり、病院以外で外出することはなかった。自宅内では自立した生活を送られている。

［人間関係］

> 長男夫婦と同居していたが、長男に癌が見つかり亡くなられた。長男の妻がアルツハイマー型認知症を発症している。娘2人も日中様子を見にきてくれている。A氏と長男の妻にそれぞれ訪問介護でヘルパーが入っている。またA氏は在宅の浴槽では入浴が困難なため、訪問入浴を利用している。4週間に1度泌尿器科を受診し、膀胱瘻のパックを交換している。

［本人の意向］

・最後まで自宅で過ごしたい

［事例の発生場所］

・A氏の自宅

▶Ⅴ 支援の経過

　息子が亡くなってから、A氏と息子の妻との生活が始まった。息子の妻の症状が進行していた。本人も忘れることが不安で、ヘルパーに何度も同じことを質問しては自分のなかで確認している。表情もすぐれないことも多い。料理をする手順も忘れてきていたため、食事は宅配食のサービスを利用することとなった。A氏は時折肺炎を患い入退院をくり返すようになる、このようにA氏に関わるサービスが増えていった。

　サービスごとの記録表があったが、それぞれ保管場所が違い、サービスに入るごとに娘2人に情報を聞いていた。しかし、それだけでは情報が不十分であり、娘2人にも負担がかかってしまう。そのため、看護師やヘルパーなどが情報を伝達できるよう連絡ノートを作り、必ずそのノートを確認し、記録をつけることとなった。

　息子が亡くなって5か月ほどたつとA氏はだんだんと家の中でも動くのがきつくなり、ベッド

上で過ごす事が多くなった。その頃より連絡ノートでは、訪問した際しか情報がわからなかったが、「カナミックネットワーク」の導入により、医師、看護師、ヘルパーや訪問入浴のスタッフがA氏の情報をサービス後に入力することでより一層情報が迅速に伝わりやすくなった。

　A氏が亡くなる前日に訪問入浴のサービスが入っていた。その日の朝、娘がA氏の部屋を訪ねるとA氏は呼吸が浅くなっており、体が冷えかかっていた。すぐに医師を呼び、体を温めていると、少しずつ意識がはっきりしてきた。危険な状況ではあったが、バイタルが落ちついてきたため、家族は訪問入浴を希望していた。医師もまたバイタルが安定していれば入浴は可能との指示があった。すぐに訪問入浴の業者に連絡があり、バイタルに問題なければ入浴をしてほしいとのことだった。カナミックにも朝の情報が流れ、訪問入浴のスタッフである看護師からスタッフ全員に情報の伝達がなされた。実際に訪問すると、耳元で声をかけると微かに反応がみられ、バイタルも入浴をするのに問題ない程度であったため、入浴をいつもより短時間ではあるが行なった。入浴後はバイタルも特に問題はなかった。

▶Ⅵ 考察
　A氏の状態によりさまざまなサービスが増えていく中で、情報共有は欠かせません。家族の介護力が低下していた中で、自宅で生活したいというA氏の希望から娘2人の協力は不可欠でした。毎週1回の入浴を楽しみにされていましたが、今回は状態が良くなく判断が難しい状況でした。入浴は本人は横になっているだけでも負担が大きくかかります。ですから訪問入浴のスタッフのみで判断することはできません。家族の思いや、本人の思いや状態、医師からの指示。今までの経過状況などで総合的に判断しなくてはいけません。

演習 ① 　　　　　　　　　　個人で考えよう

☆ポイント

▶①この事例を読んだ感想を書きましょう。

▶②この事例を理解した上で、あなたなら、どのような支援を考えますか。

演 習 ② 　　　　　　　　　　グループで意見交換しよう

☆ポイント

▶①グループをつくり、ブレーンストーミング法を活用して、話し合ってみましょう。

▶②各グループでの話し合いの結果をまとめて、シェアリングしましょう。

演 習 ③　　　　　この事例をよりよく分析してみよう

☆ポイント

▶①この事例の場合、どのようなチームケアが考えられるでしょうか。

▶②この事例の終結としては、例えば、どのようなことがより一層、望ましいでしょうか。

振り返りシート

☆ポイント

▶①この事例から、あなたはどのようなことを学びましたか。

▶②演習を通して、難しかったことや、今後に活かすために、どのような学習のポイントが考えられましたか。

▶③この演習のポイント、ねらいは、理解できましたか。

氏　名	学　籍　番　号	講　義　名

5　地域ケア：（在宅編 / 在宅支援サービス）

**学びの
ポイント**
①生活の継続性を支援するための多職種連携について知る。
②サービス担当者会議による情報共有と目標設定を考える

学びの基礎知識

　超高齢化に突入した日本では、要介護高齢者の介護課題、地域・在宅医療への取り組み、医療費削減と言った課題が生じる中で、多職種連携は必要不可欠なものです。病院から地域・在宅への他職種による退院支援に診療報酬が加算されるようになり、多職種連携自体が財源化されていることからも、その重要性がうかがわれます。

　多職種連携とは「異なった専門的背景を持つ専門職が、共有した目標に向け共に働く事」と定義されますが、実は連携は「専門職」だけにはとどまらず、民生委員、NPO法人の職員、ボランティア団体のメンバー、自治会などの地域支援者も重要な 役割を担っています。それぞれの専門家や地域支援者がそれぞれの視点で協働する際、職種間の知識や価値観など専門職文化の差異により、連携がスムーズにいかないことがあるのも事実です。しかし利用者の尊厳を保持し、QOLを高めるという目標はチーム共同であり、サービス担当者会議などで情報や目標の共有を図ることで利用者の利益に繋がるよう、多職種で手を取り合う連携力が今後の支援者に求められています。

考える事例

　住み慣れた地域で最後まで暮らすために地域包括ケアシステム構築をめざしています。地域包括ケアシステムでは4つの「助」の力を連携させてさまざまな生活課題を解決していく事が求められています。

　「自助」…「セルフヘルプ」とも呼ばれ、住み慣れた地域に住むために、さまざまなサービスに自ら取り組み、自らの健康に注意を払いながら介護予防生活に取り組むことが重要になってきます。

　「互助」…個人的な関係性を持っている人間同士が助け合い、各々が直面している生活課題を解決しあう。「互助」と「公助」は似ていますが費用の負担が制度的に裏付けられておらず、あくまで「自発的な支えあい」を示すときに「互助」という言葉が使われます。家族やご近所の助け合いと言ったインフォーマルな社会資源の活用をうたっています。

　「共助」…制度化された相互扶助の事です。医療、年金、さらに介護保険や社会保険制度など被保険者による相互負担で成立する制度も共助の概念に含まれます。「共助」は「制度に基づく支えあい」です。

　「公助」…自助、互助、共助では対応できない「困窮」などの問題に対する生活保障制度や社会福祉制度の事です。

　地域包括ケアシステムが上手く機能するためには「4つの助」の連携が不可欠です。介護サービスだけでは補えないところを「自発的な支えあい」で補えるような地域づくりが課題となっている事を理解しましょう。

事例　【タイトル：在宅を望まれる高齢者の地域ケア】

▶Ⅰ 事例の状況

　小池 松五郎さん（93歳、要介護5）は15年ほど前に妻が他界し独居で生活されていました。8年前にアルツハイマー型認知症と診断されてからは、近隣の知人や近くに住む甥のサポートで生活されてきました。しかし現在は認知症の悪化、両側の膝関節症、および慢性心不全で廃用性症候群が進行しつつあり、また腰痛のため動けないこともあったり、全身状態の機能が低下している状態です。最近では食事が思うように摂れなかったり、むせこみもあり、体重の減少がみられてきました。今後必要な支援に関して、介護、医療、ご家族や知人と情報を共有するサービス担当者会議の機会を持つことになりました。

▶Ⅱ この事例で課題と感じている点

　独居で認知症もあり、ご自身の事をほとんど行なえない高齢者である。80年以上も住み慣れたこの自宅で最期を迎えたいと、お元気な頃からの本人の思いを、医療、介護のチームと、近隣に住む甥夫婦と数十年来親しく付き合ってきた友人との連携を交え、どのように支援していくかを考えます。

▶Ⅲ キーワード

▶Ⅳ 事例概要

［年齢］　93歳

［性別］　男性

［家族構成］

妻：15年前に他界

［要介護状態区分］　要介護5

［認知症高齢者の日常生活自立度］　Ⅱb

［現病］　アルツハイマー型認知症、変形性膝関節症、慢性心不全

［コミュニケーション］　認知症の記銘力の低下、指南力の低下あり。

　　　　　　　　　　　　また発語が不明瞭となっており、ご自身の意向や希望を確認しづらい状況

　　　　　である。

[ADL]　食事、排泄、入浴、移動、買い物、調理、栄養管理など日常生活すべてにおいて支援を
　　　　要している。

[生きがい・趣味]　お元気な時は一人でカラオケ等されていた。

[生活歴]

> A県で出生。その後現在の場所に転居し育つ。25歳で結婚するが子どもはなく夫婦で過ごす。定年までB社に勤め、物つくりをされてきた。真面目で、自治会などの仕事もされてきており、近所の20年来の親しい知人が、妻がなくなってからも支援をしてくれている。また自宅から30mほど先に住む甥夫婦が支援をしている。

[本人の意向]　認知症になる前から「病院には行きたくない。できる限り在宅で生活していきたい」と言っていた。

[甥夫婦の意向]　日常的に一人ではできないことが多いのですが、本人の希望でもある自宅生活を
　　　　　　　　これから先も維持できるよう、ヘルパーやデイサービスの方にサポートしてもらい
　　　　　　　　たいと思っています。家族でもできる限りの事はしていきますが届かないところ
　　　　　　　　をこれからも介護保険でお願いしたいと思っています。

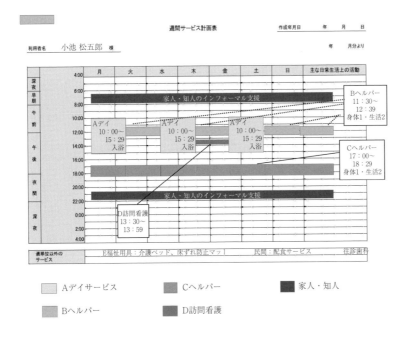

▶V 支援の経過

　要介護5状態で、日常生活全般に支援が必要な状態の為、日中の入浴に関しては3回（月・水・金）のAデイサービス、デイのない日の昼の昼食介助、排泄介助、生活用品の買い物、本人の好きなものの調理をBヘルパーサービス。夕方の排泄、食事、身の回りを整える事に関しては毎日Cヘルパーサービスが行なっている。月に2回D訪問看護の体調管理（必要時点滴などの処置実施）、と共に、E福祉用具でポータブルトイレ、車椅子の購入、介護ベッド、床ずれ防止用具の貸与をしている（介護保険だけでは点数が足りず自費負担あり）。また朝の起床、更衣、排泄、洗面、朝食介助やデイへの送り出し及び就寝前の排泄や安否確認に関する支援は、甥夫婦と20年来の知人がされている。また甥夫婦が受診の支援もしている。

　自宅トイレには歩行でいく事が出来ず、ベッドサイドにポータブルを置いているが、最近は腰痛があり起き上がれなかったり、間に合わず失敗することもある。また食事も自力で食べる事が難しくなり、体重減少も見られてきたため、今後の支援についてご自宅でサービス担当者会議が開かれることとなった。

参加者：本人（意思を伝える事は難しい状態）、甥夫婦、担当ケアマネージャー（以降CM）、Aデイサービス管理者（Aデイ）、Bヘルパーサービスのサービス担当責任者（Bサ責）、Cヘルパーサービスのサービス担当責任者（Cサ責）、D訪問看護ステーション看護師（NS）、E福祉用具相談員（E）

CM　　本日はお忙しい中お集まりいただいてありがとうございます。小池さんのサービス担当者会議を行ないたいと思います。Cヘルパーステーションの情報から、最近は夕食はあまり食べられなくなってきており、体力も低下してきているのではないかという事でしたが、実際どうでしょうか？

Cサ責　1か月ほど前は、デイサービスの後は入浴もされているせいか、動きも良くご自身で食事も時間はかかりながらも食べておられたのですが、ここ2週間くらいからはご自身での食事が進まず、介助をしています。食べる量も以前の半分程度になっています。またトイレも以前はできる限り介助でポータブルを利用して行なっていたのですが、間に合わなかったり、また腰痛もありリハビリパンツにされることが増えました。体重は減ったかははっきりしませんが、骨が出てきているように感じます。

CM　　有難うございます。ところでデイサービスでは定期的に体重を測っているのでしょうか？またデイサービスでのご様子はどうでしょうか？

Aデイ　1か月に1回体重を測定しています。前回は測っていますが、今月は月終わりに測る予定なのでまた報告します。デイでは入浴が疲れるのか、食事はほぼ全介助して食べて頂いています。確かにここ1〜2週間ですが半分程度であとは食事を残されています。痛そうな顔をするので腰が痛いか尋ねると、首を縦に振るので食事後しばらくして少し横になっていただいています。デイでは声掛けをし、入浴前と帰る前に、トイレ介助をし

ているので失敗はありません。

CM　体重測定の結果が出たらまたご連絡ください。Bヘルパーステーションでは、食事はどうですか？また何か気になるところはありませんか？

Bサ責　そうですね。以前は訪問した時に目を開けていたのですが、最近は寝ていることが多くなっています。またリハビリパンツに失禁していることも多くなりました。やはり声掛けををすると、腰が痛いようです。食事は日によりますが、残すこともたまにある程度です。以前はお1人で食べていましたが、時間がかかるのでお手伝いすることが増えています。また以前よりむせる事があるので、調理の際小さめに切ったりしています。

NS　食事量が少なくなったり、食事時のむせこみもあるようですが、今のところはV/Sなどは大きな変わりがありません。しかし高齢なので脱水や肺炎を起こしやすい状態なので、医師に報告します。必要なら高カロリーの栄養補助の飲み物なども医師と相談して考える必要があるかもしれないですね。あと腰が痛い事で臥床傾向になっているので、湿布薬を処方されているので、デイの入浴後に貼っていただいては如何でしょうか？また腰痛軽減だけでなく、誤嚥防止のためにもポジショニングと口腔の清潔について考える必要があります。

E　今まではベッドサイドに座って食事が出来ていましたが、腰痛もあり、ベッド上で食べる事が多くなっているようでしたらベッドサイドテーブルを使った方が介助しやすいかもしれません。（カタログを見せる）

甥夫婦　テーブルが前にあったら食べやすそうですね。本人が病院には入りたくない。自宅で過ごしたいと言っていたので、出来るだけ気持ちを汲みたいですが、皆さんが話されているように、ここ数週間で体力が落ちたなぁ〜と感じています。知人の方の支援もありますが、段々手がかかるようになってきているので申し訳なく思っています。

CM　ヘルパーさんの情報により、やはり全体的に体力が落ちているのかもしれないですね。訪問看護師さんに医師と連携を取っていただいて、必要なら栄養の改善と、脱水や誤嚥を防止していく必要がありそうです。ご家族様も朝や寝る前はしっかりベッドを起こして、飲み物を進めていって下さい。むせがひどくなるようならBヘルパーさんにとろみをつけた調理の支援を今後考えていかなけらばならないと思いますので、今後も情報共有していこうと思います。また段々ご家族の負担も増えてくるので、ショートステイと言ってお泊りをすることもできます。Aデイサービスの上にお泊りの施設もあるので、慣れた職員の顔があるところだったら、ご本人も安心されるかもしれませんよ。またテーブルも必要でしたら、福祉用具さんに持ってきてもらいますね。何かほかにありませんでしょうか？それでは皆さんどうも有難うございました。

このサービス担当者会議後、やはり1か月で3ｋｇほど体重の減少があり、医師から高カロリーの栄養補助の飲み物も処方してもらい、栄養の改善に努めました。また腰の痛みも湿布や、長く座らないで休憩をとったりすることで痛みを訴える事が少なくなりました。また義歯の調子も悪く、

口腔の清潔を保つため歯科の往診も追加されました。状態に応じながら、必要時にはサービス担当者会議で情報を共有し、同じ方向に向かっての支援を進めていきました。、またご家族のレスパイトのため、ショートステイも取り入れていき、多職種と連携を取りながら小池さんの望む在宅での生活を支えていきました。

▶Ⅵ 考察

　要介護5の独居の方を在宅で支えるためには、介護サービスのみならず、家族や近隣の方の支援が不可欠です。今回は医療では医師、歯科医、介護サービスでは訪問看護、デイサービス、福祉用具、ショートステイなどさまざまな職種がご本人の意向に添って共同していることがわかると思います。それぞれの立場でサービスを提供していくわけですが、根本は利用者の望む生活を提供する事です。今回Cヘルパーの情報提供によって、それぞれの担当者が集まったことにより栄養改善や口腔内清潔のため、歯科往診も追加になりました。毎日利用者のそばにいる介護者の気づきや問題を持つ視点が大変重要になってきます。要介護度が高くケア度も高い高齢者が、住み慣れた在宅で生活する割合が今後ますます増加していく事が予想されます。また介護を支えるご家族や知人の方は、介護経験もなく不安に思う事が多くあることが予想されます。そのため介護士は利用者本人だけでなく、それを支えるご家族や知人のサポートも重要な役割になってきます。今回のケースでは、小池さんの状態に合わせ必要時に担当者会議を行なったり、共通のノートにその日の状態や、気になることを書き情報交換をしたりと連携をはかりつつ介護をすすめました。そのため、独居で要介護5の状態でしたが、ご本人の望む在宅での生活を全うできたと考えられます。

演習 ① 　　　　　　　　　個人で考えよう

☆ポイント

▶①この事例を読んだ感想を書きましょう。

▶②この事例を理解した上で、あなたなら、どのような支援を考えますか。

演習 2　　　　　　　　グループで意見交換しよう

☆ポイント

▶①グループをつくり、ブレーンストーミング法を活用して、話し合ってみましょう。

▶②各グループでの話し合いの結果をまとめて、シェアリングしましょう。

演習③　　　　　　この事例をよりよく分析してみよう

▶①この事例の場合、どのようなチームケアが考えられるでしょうか。

▶②この事例の終結としては、例えば、どのようなことがより一層、望ましいでしょうか。

振り返りシート

☆ポイント

▶①この事例から、あなたはどのようなことを学びましたか。

▶②演習を通して、難しかったことや、今後に活かすために、どのような学習のポイントが考えられましたか。

▶③この演習のポイント、ねらいは、理解できましたか。

氏　名	学　籍　番　号	講　義　名

6 権利擁護（虐待）：（在宅編 / デイサービス）

学びのポイント

①権利擁護について考える。

②虐待の疑いがあった時に介護職員としてどのように支援を行なうか、またどのような連携が必要か考える。

学びの基礎知識

　私達の社会福祉制度が根拠としているのは、日本国憲法第 25 条の「健康で文化的な最低限度の生活」を保障した生存権や同 13 条の個人の幸福追求の尊厳をうたった幸福追求権があります。また、日本介護福祉会の倫理基準（行動規範）では 1．介護福祉士はいかなる理由においても差別せず人としての尊厳を大切にし利用者本位であることを意識しながら、心豊かな暮らしと老後が送れるよう介護福祉サービスを提供する事。また利用者の生活を支える事に対し最善を尽くすことを共通の価値として他の介護福祉士及び保険医療福祉関係者と共同するとうたっています。厚生労働省の擁護者及び要介護施設者による高齢者虐待の相談・通報件数や虐待判断件数は増加傾向にあります。こういったことを踏まえ介護者は利用者の人権を守っていかねばなりません。2005 年高齢者虐待防止法が制定され、翌 2006 年 4 月から施行されています。これによって虐待の定義が明確化され、通報・相談窓口が設けられることで、高齢者虐待の早期発見および防止・保護に繋げています。虐待防止法の中で、虐待を受けたと思われる高齢者を発見した場合は、窓口となる当該の市町村に通報する事が義務付けられています。虐待でも痣のように目に見えるものもあれば精神的、経済的、性的虐待、ネグレクトのように見えにくい虐待もあります。介護者がわずかな変化にいち早く気づくことで「人権擁護」につながることを念頭に置く必要があります。また虐待と思われる高齢者を発見した場合、介護士としてどのような行動を取り、どのような機関と連携を図っていくかを理解しておくことも必要です。

考える事例

　2016（平成 28）年度、擁護者による高齢者虐待の発生要因として「虐待者の介護疲れ・介護ストレス」が 1,241 件（27.4％）で最も多く、「虐待者の障害、疾病」964 件（21.3％）、経済的困窮（経済的問題）1670 件（14.8％）でした。核家族化が進み介護を分担できず、また生活の困窮などで十分な介護サービスを利用できないなどさまざまな要因が複合して発生していると考えられます。また虐待の程度（深刻度）の割合は、5 段階評価で「3 − 生命・身体・生活に著しい影響」が 5,644 人（33.7％）と最も多く、次いで「1 − 生命・身体・生命への影響や本人意思の無視等」が 5,051 人（30.1％）でした。一方、最も重い「5 − 生命・身体・生活に関する重大な危険」は 1,342 人（8.0％）を占めています。介護士は利用者の一番身近な支援者として虐待を早期に発見し適切に対応していく事が、重度化を防ぐことに繋がります。

<hr>

事例　【タイトル：虐待の疑いのある家族へのアプローチ】

<hr>

▶Ⅰ 事例の状況

　レビー小体型認知症と診断された山中花江さん（仮名）は、1か月ほど前から、Aデイサービスに2回／週通っています。長女と長男の3人暮らしですが、いつも「息子はいい子だけれど、娘は嫌い‼」と話され、時には「娘がいるから家に帰らない‼」と帰宅を拒否されることがあります。しかしデイサービスのお迎えに行くと、デイサービスに行きたくないと興奮されることもありました。その際長女は「私の出した服は着ないと言ったり、全く言う事を聞かないんです！」と怒り気味に迎えに行ったデイの職員に伝えるのでした。担当のケアマネージャーからも娘とは昔から折り合いが悪く、不仲である事を聞いていました。ある時、デイサービスの職員が入浴介助をしたところ、両手首に前回はなかった内出血を発見しました。スタッフが「どうしたの？」と尋ねると「娘がやった」と話しました。

▶Ⅱ この事例で課題と感じている点

　認知症の周辺症状や疾患による妄想があり、娘とも元から仲が悪かった経緯もある高齢者の訴えを介護者としてどのようにとらえるべきなのか？ また本人の支援だけにとどまらず、認知症の親を支える家族へのアプローチをどのようにしていくか？ 問題を解決するにあたり、どういった機関との連携をしていくかについて、介護職の視点で利用者の権利擁護について考えましょう。

▶Ⅲ キーワード

　介護疲れ　　高齢者虐待防止法（保健・医療・福祉関係者の責務）　　高齢者虐待防止ネットワークの構築

▶Ⅳ 事例概要

[年齢]　82歳

[性別]　女性

[職歴]　30年間小学校の教師

[家族構成]　夫は5年前に他界

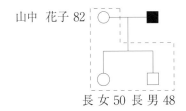

[要介護状態区分]　要介護2
[既往歴]　脳梗塞、高血圧
[現病]　レビー小体型認知症
[服用薬]　メマリー、ノルバスク、ワーファリン

[性格・気質]　長年教師をしており、真面目で生徒からも慕われていた
[ADL]　尿意はあるが間に合わず失禁したり、すくみ足があり歩行に見守りや介助を要す
[生きがい・趣味]　音楽や絵画、野鳥を見る事
[事故発生場所]　Aデイサービス

[デイサービス利用の経緯]

> 　4か月ほど前からせん妄、妄想があり誰かに狙われている、人が家に入ってきた等で警察、消防を頻繁に呼ぶため、同居する長女が困って地域包括支援センターに相談。介護保険申請と同時に、せん妄や妄想に対する専門医を受診。レビー小体型認知症と診断され内服薬も処方された。せん妄、妄想の他に、すくみ足や小刻み歩行もあり、自宅での入浴が困難になっていたため、Aデイサービスの利用を開始する事となった。

[人間関係]

> 　現在同居している長女は若い時に花江さんが反対した男性と結婚し出ていったが、結局離婚していた。花江さんの夫が5年前に他界したのを機に同居を始めたが、反対した男性と結婚したという事でお互いわだかまりを持っており、仲はあまり良くない。長男は独身で同居をしており、元気な時は花江さんが食事の準備、洗濯、掃除などの家事をしていた。認知症になってからは長女が家事を担っており、長男は家事や、介護に関しては無関心である。

▶V 支援の経過

　Aデイサービスの職員は、認知症でせん妄や妄想があり、長女とは昔から確執もあるため、山中さんが話した事をどこまで信じ、どのように対応すべきかわからず、同施設に併設する地域包括支援センターの職員に相談しました。地域包括支援センターの職員からはまず担当のケアマネージャーに報告する事、また本人の訴えや、入浴時に確認した痣の程度や場所について詳細な記載を残すこと（可能ならば痣の写真を撮っておく）等のアドバイスを受けました。

　担当のケアマネージャーに報告すると、訪問の際手の痣についてケアマネージャーが長女に話を聞いてくれました。長女としては教師をして厳格だった母親が、トイレで失敗したり、足が出ずおもうように歩けないことをもどかしく思い、ついしっかりして欲しいと介助している手の力が入ってしまったと話されたようでした。

　また朝の送り出しの際、本人は季節にそぐわない服装をするため、長女が洋服を準備するとその洋服を嫌がったりするので、つい大きな声を出して怒ってしまう事もあるそうです。そのためご自身の休息と母親の入浴の為と思いデイサービスに送り出すつもりが、かえってご自身のストレスをため、母親もそこまでしてデイサービスで入浴する必要もないのではないかと思っているとの報告を受けました。

　地域包括支援センターの職員、担当ケアマネージャーと話し合った結果、長女の認知症に対する理解が不十分であること、また完璧主義者の長女が一人で面倒を見ていくには、精神面・身体面ともに負担が大きいと判断されました。

　そこで現在は2回/週のデイサービスですが、利用回数を増やしたり、ショートステイの利用も視野に入れて、支援していく方向となりました。そのためまずは長女が安心してデイサービスに送り出せるよう、介護職と信頼関係を形成していくと同時に、山中さんのアザの有無や、言動に注意していく方針になりました。

　朝の送迎の際、必ず自宅での山中さんの様子を確認したり、長女の疲れなどの具合を確認したり、ゆっくりコミュニケーションを図る時間を持ちました。またデイサービスでは、本人の大好きな鳥のさえずりのCDをかけたり、鳥について他の利用者に話をしたりと徐々に馴染んでいかれ、興奮する頻度も減ってきました。また、入浴の際皮膚の状態確認していきましたが、幸いにもそれ以降虐待と思われるような痣はありませんでした。

　デイサービスで半年が経ち、朝の送り出しも嫌がらなくなったこともあり、長女に利用回数を増やす提案をケアマネジャーからもちかけ、3回/週に増やしました。ショートステイに関してはなかなか話は進まなかったのですが、長女が仕事の都合でどうしても留守にしなくてはならない時、長男が介護をすることになりました。同居はしていたものの、長女に任せきりだった長男は、長女と相談し定期的にショートステイを利用するようになりました。本人も、デイサービスやショートステイのスタッフとも顔見知りになり、穏やかに過ごされていま す。

▶Ⅵ 考察

　レビー小体型認知症は幻視や幻覚等があり、またもとより親子関係が悪い事。さらに既往に脳梗塞があり出血が止まりにくい内服薬を処方されていたこともあり手首に痣があり、それを本人が「娘がやった」と言っても長女が「虐待」をしたと断定することは難しいケースでした。しかし教師として真面目に人生を送ってこられた山中さんが、認知症になったことで長女から怒られたり、支援を受けなくてはいけない立場に置かれたことを、山中さんご自身はどのように捉えていたのでしょうか？

　認知症になったからと言ってすべてがわからなくなるわけではありません。失禁をしてしまう事や自分の思うように動かない事を誰よりも山中さんが感じ、洋服を自分で選ぶことも長女にしてもらわなければならないとやりきれない思いがあり、興奮して嫌がったのかもしれません。認知症になっても一人の人として人権は尊重されなければなりません。

　一方、先にも述べましたが擁護者が虐待をする大きな要因に「介護疲れ」が挙げられます。長男と同居をしていますが介護に非協力的であったり、長女が家事や介護すべてを担っており、身体的・精神的にも負担が大きかった事が考えられます。忙しいながらも、家事もしっかりされ介護も長女なりにされていた事が、言葉の端々に伺えました。介護をする家族へ正しい介護知識を伝えたり、介護の労をねぎらったりとご本人だけでなく家族支援も重要であるといえます。実際山中さんも長女は嫌いという事も多くありましたが、「あの子も上手にお弁当を作ってくれて、いいところもあるのよ。変な男と結婚しちゃってね〜」などと昔のことを話されることもありました。

　虐待かもしれないと思う事があった場合、今回デイサービスの職員が相談した地域包括支援センターの他に福祉事務所高齢福祉課、保健センターなどの相談・通報窓口があります。またケアマネージャー、他のサービス事業所、認知症の症状がひどかったりした場合は内服薬の相談なども検討しなくてはならないので医師など他職種とも連携を図られることが望まれます。虐待は擁護者だけにとどまらず、養介護施設従事者の虐待も問題になっています。虐待と思われる痣などを見つけた際は必ず記録を残す事（いつ、どのくらいの大きさで、誰が、どのタイミングで発見したか。またそれを本人はどのように話したか）など詳細に記載することは、虐待の大きな証拠になったり、介護職員の身を守るためにも重要になってきます。

　今回のケースは早期に連携が取られ、ご家族への支援目標が早期に共有されたことで、現在山中さんは穏やかに過ごされています。介護者がデイサービスで関わる時間はその方の生活のほんの一部でしかありません。しかし、支援にあたっては今までの成育歴や家族関係・疾病の情況など多面的にとらえる必要があります。連続性を持った利用者の生活の支援において、心豊かな暮らしが送れるよう、尊厳や権利擁護の視座が重要と言えます。

演 習 ① 　　　　　　　　　　　　個人で考えよう

☆ポイント

▶①この事例を読んだ感想を書きましょう。

▶②この事例を理解した上で、あなたなら、どのような支援を考えますか。

演 習 ②　　　　　　　　　　　グループで意見交換しよう

☆ポイント

▶①グループをつくり、ブレーンストーミング法を活用して、話し合ってみましょう。

▶②各グループでの話し合いの結果をまとめて、シェアリングしましょう。

演習③ この事例をよりよく分析してみよう

☆ポイント

▶①この事例の場合、どのようなチームケアが考えられるでしょうか。

▶②この事例の終結としては、例えば、どのようなことがより一層、望ましいでしょうか。

振り返りシート

☆ポイント

▶①この事例から、あなたはどのようなことを学びましたか。

▶②演習を通して、難しかったことや、今後に活かすために、どのような学習のポイントが考えられましたか。

▶③この演習のポイント、ねらいは、理解できましたか。

氏　名	学籍番号	講義名

7　障がい児支援：（在宅編 / 放課後等デイサービス）

学びの
ポイント

①障害の理解と、適切な対応

②年齢に応じた、多種多様な連携機関先の把握

③家族・保護者支援

学びの基礎知識

児童福祉法：障害児通所支援－放課後等デイサービス

　「…（中略）…生活能力の向上のために必要な訓練、社会との交流の促進…」

放課後等デイサービスガイドライン（厚生労働省）

○基本的役割

　子どもの最善の利益の保証・共生社会の実現に向けた後方支援・保護者支援

○基本的姿勢

　…（中略）…この時期の子どもの発達過程や特性、適応行動の状況を理解した上で、コミュニケーション面で特に配慮が必要な課題等も理解し、…

○基本活動

　自立支援と日常生活の充実のための活動・創作活動・地域交流の機会の提供・余暇の提供

○関係機関・団体や保護者との連携

　相談支援事業者、学校、医療機関や専門機関、保育所・児童発達支援事業所、他の放課後等デイサービス、放課後児童クラブや自治会等、（地域自立支援）協議会等、保護者との連携

障害者総合支援法：障害福祉サービス（厚生労働省）

　「…（前略）…児童福祉法その他の障害者及び障害児の福祉に関する法律と相まって、障害者及び障害児が基本的人権を享有する個人としての尊厳にふさわしい日常生活または社会生活を営むことができるよう…」

学校教育法（文部科学省）

　「…心身の発達に応じて…（中略）…教育を施すことを目的とする。」

学習指導要領：特別支援学校・特別支援教育（文部科学省）

○特別支援学校

　「社会の変化や子どもの障害の重度・重複化、多様化に応じた適切な指導…」「…交流及び共同学習の充実を図る…」

○小・中・高等学校等における特別支援教育

　「…交流及び共同学習、障害のある子どもへの理解を深める指導を充実する。」

○理念『生きる力』

　「確かな学力」「豊かな心」「健やかな体」を基準とする知・徳・体のバランスのとれた力

発達障害者支援法（厚生労働省・文部科学省）

　「…（中略）…全ての国民が、障害の有無によって分け隔てられることなく、総合に人格を尊重し合いながら共生する社会の実現に資することを目的とする。」

　放課後等デイサービスについては、2012（平成 24）年 4 月の制度創設以降、利用者、費用、事業所の数が大幅に増加し、現在 11301 事業所（厚生労働省：平成 29 年社会福祉施設の概況）が指定を受けている。一方、利潤を追求し支援の質が低い事業所や適切ではない支援（テレビを見せているだけ、ゲーム等を与えて遊ばせているだけなど）を行なう事業所が増え ているとの指摘があり、支援内容の適正化と質の向上が求められ、これまでの対応は平成 27 年の放課後等デイサービスガイドラインの作成・公表をはじめとし、平成 28 年にも 2 回の対応があり、平成 29 年には指定基準等の見直しによる対応として、『児童発達支援管理責任者の資格要件』『人員配置基準（有資格者）』の見直し、及び『放課後等デイサー ビスガイドラインの遵守及び自己評価結果の公表の義務付け』を行なった。

　これらの背景をふまえつつ、放課後等デイサービスの役割を考えると、利用する児童は学校終了後に放課後等デイサービスで過ごし、自宅へと帰る。その中間的役割には学校での活動を理解し、学校から引継ぐといった連携と家庭での生活の困難を理解しながら、自宅へ送り届けるといった連携が必要となる。また、放課後等デイサービスには地域へつながる特性を持つ。児童たちの生活には連続的であり継続的な支援の視点が必要となる。

　関わる年代に応じて、関わる関係機関が多種多様化してくることから、いっそう多職種連携を意識し、いかに児童たち自らが今後、社会で共生していくための力を身につけるかを考える必要がある。

事例　【タイトル：コミュニケーションに困難を持つ障がい児支援】

▶Ⅰ 事例の状況

　自閉症状のある児童が、加齢とともに身体的・精神的な成長が著しくなり、本児のこだわりのある主張も強くなっていった。本児が就学、母が自宅での育児に困難を抱え始めたこと、妹の誕生をきっかけに、家族という小集団を基盤とし学校、放課後等デイサービスへと生活範囲を広げながら社会での共生をめざす事例である。

▶Ⅱ この事例で課題と感じている点

　本児は、一見障害があるようには見えないが、『言っていること』と『していること』に不一致がみられ、そのギャップのある言動によって他者に誤解を招いてしまうことが多い。本児は家族や友達は大好きで本人としては集団生活に困難を抱えているとは感じていない。しかし、本児と関わった人たちが不快を感じることが多く、今後は『思い』と『表現』を一致させることが課題となる。また、学校や放課後等デイサービスといった集団生活においても他者とのコミュニケーションに困難があり、本人自身も苦手と感じているため個別対応が多くなる。

　身体的な障害はなく、言葉を持ち、簡単な会話は成立する自閉症状のある児童に対する障害の理解は指導者だけでなく地域に対しても求めていかなければならない。

▶Ⅲ キーワード

　共生　　集団生活　　誤解を招くコミュニケーション

▶Ⅳ 事例概要

［年齢］　14 歳

［性別］　男性

［学歴］　特別支援学校 中学部 2 年生

［家族構成］

　　　　　同居：父（サラリーマン・45 歳）、母（専業主婦 40 歳）、本児 A（14 歳）、妹（4 歳）

　　　　　別居：祖母（67 歳）

［障害支援区分］　区分 3（障害福祉サービス受給者証・療育手帳 所持）

［既往歴］　なし

［現病］　自閉症

［服用薬］　★わからない

［コミュニケーション］

　　　　　話し言葉は明瞭で簡単な会話はできる。

　　　　　話す内容に、つじつまが合わないこともある。

ひらがなを読むことはできるが内容の理解に困難を示す時がある。

文字は名前をひらがなで書くことと視写することはできる。

バーバルとノンバーバルの不一致がみられる。

絵で示すと理解し、行動に移すことができる。

時間による活動工程がわかる。

特に『イヤ』を表現するときは、仰向けになり両手足を大きくバタバタさせる。

言語は標準語（両親・住む地域ともに関西圏）を使用。

［性格・気質］

優しい

集中力があるがすぐ飽きる

一度見たりしたりしたことを次は一人でやってみようとするが失敗をするとその場から

離れてしまい、もう一度挑戦することや片付け等には応じない。

［ADL］　身体的には自立、判断に対し支援が必要

［生きがい・趣味］

褒められること

戦隊もののテレビを見ること、またそれを真似ること

［生活歴］

　3歳6か月健診において保健師より自閉傾向の指摘を受ける。幼稚園入園後、集団生活に慣れずにはいたが他者を傷つけるようなことはなく、自由な一人遊びが続く。特別支援学校小学部入学時には集団規模が大きくなったことで以前よりも自由度が低くなりストレスからか自宅で母を困らせることが多くなった。不眠症を主とした母の体調不良が目立つようになる。その後、障害福祉サービス（ホームヘルプ）を土日・長期休暇に活用するようになり母のレスパイトケアもとれるようになった。

　小学部4年生のときに妹が誕生。ほぼ同時期に放課後等デイサービスを週4日（土曜日含む）、ホムヘルプと併用して活用するようになる。

［人間関係］

　放課後等デイサービスを活用し始めた当初から、同じ学校の友達が多く特に混乱はなかった。活動は個別にて対応し、友達と一緒にといった共同作業はこれまでと同じく困難であった。『気づく』ということ『暗黙の了解』が苦手ではあるが指導員の指示に従うことは部分的にはできた。口調が優しいのに対し動きが大きく激しいために対人での相手はおびえた顔になったり、関わりを避けることが多かった。

［本人の意向］　意向の確認はできず

［家族の意向］　今後、卒業後を見据えた支援を家庭でもやっていきたい

［事例の発生場所］　放課後等デイサービス（場面ごとに記載）

▶ V 支援の経過

▷ 10歳ごろ（車中にて）

　放課後等デイサービスが終了して自宅へ向かう車中では、待つことができずに個別での送迎か、集団送迎であれば1番に送ることになっていた。

　ある送迎時、指導員が車中にて『今から家に帰ります』と伝えたところ『いやだ、いやだー』と後部座席で仰向けになり両手足をバタバタと大きく動かした。指導員が反応しないことと飽きたことで次は起き上がり、後部座席から運転席の指導員を抱きしめて『ぼくは、こんなにせんせーをすきなんだー』と言った。しかし、Aの腕は指導員の首を絞めていたため指導員は慌ててAの腕を必死で振りほどき、首が締まると危険であること、死んでしまうかもしれないことなどを、しっかり伝えるため怒った表情を用いて強く注意をした。Aは『ぼくは、せんせーがだいすきなだけなのに』と言った。

　　解説：相手の感情に気づくことに困難がある、危険認識の理解

▷ 11歳ごろ（自宅玄関先にて）

　妹ができたことに対して、とても喜んでいた。妹を話題に出せば少し照れ笑いをしながら『ほんとに、かわいんだよー』と身体をくねくねさせて言っていた。

　送迎時に『せんせーは、ここ（玄関）でまっててね』と言って、居間へ行き『ぼくのいもうとをしょうかいするよー』と、泣きじゃくる1歳の妹の髪を鷲づかみにして、廊下を引き擦りながら玄関先へと妹を連れてきた。指導員の前に妹を出し、にっこりと笑いながら『ねえ、かわいいでしょ。あげないよ』と言った。

　　解説：『思い』と『表現』の不一致

▷ 11歳ごろ（放課後等デイサービスにて）

　当日の活動は、前回散歩中に拾った落ち葉やどんぐりを画用紙に貼ったりする図工であった。妹ができた頃から『ぼくは、おにいちゃんだからねー』と年下の児童の世話を自ら行なおうとすることが増えていった。

　この日もAと他の児童との間にはいつも指導員が配置されていたが、Aが『せんせーあっちいってて』とぐいぐい指導員の背中を押した。Aには『できる』という自信があったようだ。しばらくして作業が順調に進まなくなってきたのか、Aは作業で使っていた4人掛けのテーブルをひっくり返し、笑いながら『あーあ、ぐちゃぐちゃになっちゃったねー』といった。同席で作業していた他の児童はびっくりしたのか表情が硬くなっていた。Aは部屋の端で仰向けになり、しばらく、ぼーっとした後に涙を流しながら『ぼくは、できるんだー』と叫んだ。その声に驚き、一人の指導員が駆け付け、別の指導員が『どうした？』と聞くと、駆け付けた指導員が『リアルな寝言です』と言った。

　　解説：処理しきれないことが起こると意識を失ったかのように入眠することがある
　　　　　自立性ＶＳ罪悪感（部分的に罪悪感が欠如し自己の満足感と置き換わる）

▷ 12 歳ごろ（ショッピングセンターにて）

　　長期休暇は朝から夕方まで活動が行なわれる。朝からプールで泳いだ後、ショッピングセンターで昼食を摂る。プールでの着替え、昼食を購入する支払いやお釣りの確認、食事のあいさつ、食後の下膳等もすべて活動プログラムに含んでいる。Aは活動パターンを把握しており、いつも次の工程を難なくこなしていくことができた。

　　ある日、朝のプールまでの活動は順調に進み、午後の昼食を摂るためにショッピングセンター内に入りしばらく歩くと立ち止まった。Aは『おってきたな』と小さな声で言った。そして、ベンチに座る一般客の男性の前に立ち『おまえは○○（悪者）のなかまか』と言って、戦う姿勢を示した。指導員が止めるのを『はなせー』と必死で振りほどきながら続けようとした。最後にAは指導員に押さえつけられながらも一般客に指をさし『おまえの、つみのかずをかぞえろー』と言った。一般客の男性は、謝る指導員とAを睨みつけながらその場を離れた。決め台詞を言ったあと、何事もなかったかのように元に戻った。その後、どうしてあんなことを言ったり、したりしたのかと問い、相手が嫌な思いをすること、叩いたり蹴ったりするのは危険なことを強く注意すると、Aは不思議そうな顔をして『どうして、ほめてくれないの？ねえ、せんせー』と言った。

　　解説：現実と妄想、危険認識の理解

▷ 13 歳ごろ（放課後等デイサービスにて）

　　その日は、朝から調子がよく学校でも『今日は一人で体操服に着替えることができました』など担任先生からのお褒めある申し送りを本人の前で指導員が受け、Aは上機嫌で放課後等デイサービスに来た。放課後等デイサービスでは、おやつの時間に食器の準備や片付けを自ら行なったり、宿題も自ら行なった。Aの中で『できた』がどんどん増えていくのがわかった。指導員が『今日は、学校で 100 点と花まる、デイで 100 点と花まる、で 100 点 2 つと花まる 2 つとれたね』と言うと、Aは『せんせー、すごいー？おかーさんにもおしえてあげよっかなあ』と少し遠くを見ながら言った。

　　帰りの時間、すぐには準備ができなかった。もう少し『できた』を増やしていきたいようだった。Aは、以前よりもずいぶん成長した身体で仰向けになり両手足をバタバタさせながら『かえらないー』と言った。しかし、指導員が『じゃあ、100 点と花まるは 1 つずつ返してね。減っちゃうね』と言うと、Aは、さっと起き上がり、靴を履き、鞄を持って『さーかえるかー』と真顔で言った。

　　解説：『できた』の喜び・承認欲求・勤勉性ｖｓ劣等感

▷ 13 歳ごろ（自宅にて・母より伝達）

　　Aの主張は強くなっていく、一方で妹が 3 歳と成長し家庭において母は妹の世話の方を優先し

がちになりＡは待たされることが多くなった。Ａは家族の中でも『一緒に』や『後で』が困難で、母と１対１での対応を強く望んだ。

　ある夜、Ａは絵本を読んでほしいと言ってきた。その日は学校図書の貸し出し日でいつもと同じ絵本（毎回、この絵本しか借りない）を借りてきた。Ａはその絵本を胸のあたりで両手を使いしっかりと持っていた。その姿からその絵本が大好きだということがよくわかった。

　母は妹を寝かし付けていて『もう少しで寝付く』というときに、Ａが大きな声で何度も何度も絵本を読んでほしいと言ってきたため、強めの口調で『後でねっ』と背中を向けた。Ａは台所へ行き『あー』『うわっ』『いいのかなー』など母の気を引くように声を出した。母は台所へ行くと、Ａは母が自分に意識が向いていることを確認したかのようにしっかり目を合わせ、醤油のボトルのキャップを開け、醤油を持つ右手を上にあげ、Ａの身長より高いところからドボドボと流していった。Ａは『まっくろだねー』と言った。

　後に、母は『その時、普段は穏やかなお父さんが、初めてＡに手を挙げた』と父の様子をいい、『Ａが生まれてから、Ａ中心で生活をしてきた。Ａの障害に慣れてきたころ、私たち夫婦は障がい児の育児に自信がついて、ようやく念願の２人目を授かった。家族４人でというのはＡには通じなかった。私たち夫婦が甘かったんです。Ａの障害を理解したつもりでいたけど・・・悔し過ぎる』『こんなことを言ったのは内緒にしてほしい』と念を押し、続けて『初めて、この子さえいなければ・・・と思ってしまった』と言った。
　解説：相手の感情を理解できている・家族の困難への気づきの不十分さ・家族の孤立
　　　　親の障害受容の振り出し・自信喪失への回復

▷ 14歳ごろ（市民センター・調理室にて）
　土曜日は朝から夕方まで活動が行なわれる。この日は調理実習で近くの市民センターを借りることになった。グループは調理台１台につき５人（指導員２人、児童３人）で、メニューはハンバーグだった。Ａは調理実習が大好きで、鞄の中のエプロンと三角巾を何度も確認しては『よし』と言ったり、『まだまだ、せんせーのおはなしがさき』と自分自身に言い聞かせ工程を進めていった。
　調理実習が始まるとＡ以外の児童が調子を崩し、ある児童は部屋から出たり入ったり、ある児童は椅子に座って動かなくなってしまった。その児童２人に指導員が１人つくと必然的に指導員１人とＡと２人で５人分のハンバーグを作ることになるがＡは気にする様子はなく、自分が調理することに夢中だった。
　Ａはこれまでの調理実習やキャンプ経験で、包丁やコンロの火や割れたお皿等がどれほど危険か理解していた。が、手洗いを忘れたりミンチ肉を指で刺そうとしたり衛生面についてはこれからの学びだった。
　指導員と一緒にハンバーグをこねて、形を作り焼く。焼いているハンバーグを『見ててね』と指

導員が言うと、油がパチンと跳ねたことに『うわーっ』と全身で驚きながらも、その場を離れることはなかった。『つぎは、なにするー』と指示を仰ぎながら準備も片付けも指導員と一緒に行なうことができた。食事の時間は、苦手なサラダも食べることができ、普段は小食ながらもごはんのお替りもした。ハンバーグの最後の一口を見ながら『おかーさんにもってかえろうかなー』と言いながらもパクリと食べ完食した。ハンバーグソースを口につけながら『あーおいしかった』『つぎは、いつしよっか』と言った。

　　解説：強い興味・指示通りに動ける・『次』につながる活動・親和欲求の偏り
　　　　　食への興味やそれにまつわる活動は生きるうえでとても必要な生活行為

▶Ⅵ 考察

　ここまでの経過を振り返ると、『できる』と『できない』をくり返し、どちらかと言えば物的・人的に環境が整えば『できる』寄りの本児には、果たして特別支援学校に通い放課後等デイサービスで過ごすという選択は適切であったのだろうか。地域の学校に通い隣接する学童保育で同世代とトラブルを起こし、解決をし、といった関わりを持ちながら過ごすことの方が、自ら環境を作り上げていく力がついたのではないだろうか。障害に対する『配慮』として一生懸命に対応してきたことが『隔離』となっていないだろうか。明確な答えがないだけに教育者や指導者には今も課題は残る。

　とはいえ、本児は遅いながらもしっかりと成長している。今もなお集団の中で指導員との個別的な関わり、指導員を介しての友達との関わりが多いが、これからは集団の中で直接的に友達に関わっていくことを必要とされる。
　これまでの経験を活かしていくことのできる環境を整え、卒業後を見据えた支援体制をとらなくてはならない。

演 習 ① 　　　　　　　　　　　　個人で考えよう

☆ポイント

▶①この事例を読んだ感想を書きましょう。

▶②この事例を理解した上で、あなたなら、どのような支援を考えますか。

演(習)2　　　　　　　　　　グループで意見交換しよう

┌───┐
☆ポイント

└───┘

▶①グループをつくり、ブレーンストーミング法を活用して、話し合ってみましょう。

▶②各グループでの話し合いの結果をまとめて、シェアリングしましょう。

演 習 ③　　　　　　　　　　この事例をよりよく分析してみよう

☆ポイント

▶①この事例の場合、どのようなチームケアが考えられるでしょうか。

▶②この事例の終結としては、例えば、どのようなことがより一層、望ましいでしょうか。

振り返りシート

☆ポイント

▶①この事例から、あなたはどのようなことを学びましたか。

▶②演習を通して、難しかったことや、今後に活かすために、どのような学習のポイントが考えられましたか。

▶③この演習のポイント、ねらいは、理解できましたか。

氏　名	学 籍 番 号	講 義 名

8　家族支援：（施設編／グループホーム）

| 学びの
ポイント | ①介護する家族にとって辛さの背景にあるものを理解する。
②専門職の家族支援においての重要性を学ぶ。 |

学びの基礎知識

　社会福祉士及び介護福祉士法
　「（中略）・・・心身の状況に応じた介護を行い、並びにその者及びその介護者に対して介護に関する指導を行うことを業とする者」
　介護福祉士の業務内容は2つあり、①介護業務、②介護に関する指導であることが定義より見てわかります。そして②介護に関する指導とは、介護を必要としている本人が豊かな生活を送れるように、相談・助言すること、介護者（家族や介護業務を行うもの）の身体的・精神的負担軽減を図り介護が継続できるように支援することを指します。
　介護する家族にとって、介護サービス利用による物理的支援＝外部化だけではなく、要介護者や介護者との関係が、双方にとって良好な状態で維持されるため、介護者の実態を踏まえたうえでの支援が非常に重要です。
　在宅介護、施設介護が安心して任せられる場所でない限り、気の休まる時間を満たすことはできません。介護する家族にもそれぞれの暮らしや生き方・大切にしたい人生があり、自分の健康や生きる喜びを大事にしながら、大切な家族である本人との時間を共有したいと願っています。

考える事例

　高齢化の状況（平成29年版高齢社会白書）を見てみると、要介護者等からみた主な介護者の続柄は、6割以上が同居している人が主な介護者となり、その内訳は①配偶者26.2％、②子21.8％、③子の配偶者11.2％となっています。
　1日のうち介護に要している時間をみると、「必要に手をかす程度」が42％と最も多く、「ほとんど終日」も25.2％となっています。介護が重度化することで、介護が終日要する比率が高くなります。そのため、家族の介護や看護を理由とした離職者も増加しています。
　介護する家族の辛さは本人支援の前進にも拘らず、変わっていないのが現実です。それは、家族機能の変化により老老介護や認認介護が増えて家族の介護力が小さくなっていること、男性介護者や若年期認知症の人を介護する家族が増えていることが理由として挙げられます。
　人は家族という歴史を背負って生きています。家族として介護を行なうことは、本人との歴史的つながりをもった立場で関係性を新たに築いていくことでもあります。

事例　【タイトル：現状を受け入れられない家族の想い】

▶Ⅰ 事例の状況

　認知症の症状が比較的早く進行して、妻の介護負担が問題で在宅介護が限界となりました。今後、更にコミュニケーションが困難になっていくことも考えられ、本人、家族者共に穏やかな生活するためにもグループホームに入居しました。しかし、家族の病状理解のばらつきや現状を受け入れらず、情報共有し協力を得ながら家族支援を行なっていく事例です。

▶Ⅱ この事例で課題と感じている点

　施設入居は要介護者だけでなく、介護者にとっても大きな出来事であり、家族介護者固有の葛藤があります。介護したくてもできないという現実的な在宅介護の限界を感じながらも、入居へのためらいや罪悪感を持ち続けています。

　しかし決して施設は介護の終焉を意味するのではなく、施設での要介護者や職員との新たな関係づくりが求められてきます。

▶Ⅲ キーワード

　在宅介護に限界　　罪悪感　　現状の理解

▶Ⅳ 事例概要

［年齢］　77 歳

［性別］　男性

［職歴］　サラリーマン

［家族構成］　入所前は妻と 2 人暮らし。別居の長女は市内在住、長男は単身赴任中。

　　　　A 77 □──○　妻 74

　　　長女 5　長男 46

［要介護状態区分］　要介護 3

［認知症高齢者の日常生活自立度］　Ⅱ b

［既往歴］　両膝関節手術、白内障手術

［現病］　アルツハイマー型認知症

［服用薬］　デジレル、抑肝散、リスペリドン、メマリー、プラビックス

［コミュニケーション］　構音障害。意思の表示手段はうなずき、首振り、手振り。

［性格・気質］　無口、几帳面、温厚。

［ADL］　一部介助

［障害高齢者の日常生活自立度］　Ａ1

［生きがい・趣味］　以前は散歩が日課だった。

［生活歴］

　　サラリーマンとして働き、子ども2人（長女、長男）が成人後は夫婦2人暮らしとなる。週末は飲みに出かけるのが習慣で、定年後は毎日1時間の散歩が日課となっていた。70歳より構音障害、73歳には易怒性が著名となりＪ病院を紹介受診する。検査入院の結果、アルツハイマー型老年認知症と診断。75歳に2回目の検査入院では、失語症が進行、筆談も難しいため会話の疎通性が悪くなっていた。興奮状態、焦燥感、易怒性には抗精神病薬の内服を開始するも効果が限定的で、妻へのお茶や湯呑みを投げつける等の行動が見られ、妻の介護負担が問題となる。

　　昼夜逆転や失禁を認めるなど、症状が比較的早く進行していた。これ以上の在宅介護は限界となり、グループホームが適当が判断し、入所に至る。

［人間関係］

　　入所当初は妻は毎日のように面会に訪れていたが、現在は週2〜3回。長女、長男とも に月2回程度の面会。

　　元々、無口で話好きではなく、必要なことしか話さない性格であったとのこと。妻が職員と話をしている姿を見ると「あ゛－－－－」と止めるように声を出したり、手振りで帰りを急かす行為が見られる。

　　他の利用者の会話を聞いて「ひひっ」と笑う場面もある。

［本人の意向］　意向の確認はできず。

　　　　　　　　（妻）主人も私も穏やかに生活したい。

［事例の発生場所］　グループホーム

▶Ｖ　支援の経過

▷8月中旬

　施設入居に向けて、本人・家族との面談を行なう。現在、ショートステイ利用しており妻は毎日面会に行っている。家族は利用中のサービスについて、「あそこは何もしてくれない。利用してから足が弱くなってしまった」と話す。ショートステイ先のケアマネジャーによると、「妻が病状理解が乏しく、家族内でもバラつきがある」との情報を得る。

▷9月上旬

　グループホーム入居当日、付き添っていた家族が帰ったあとから落ち着きがなく、リビング内を

何周も歩き回る。また何かを探しているかのようにトイレや風呂場のドアを開けていたため、職員が声をかけると両手で職員の腕を数回叩く行為がある。足もとにふらつきが見られ、職員が傍について動作を見守る中、約1時間ほど歩き回る。

本人に入居の話は当日、ショートステイ先からグループホームに向かう車中で話をしたと妻より報告を受ける。「主人は家に帰れると思っていたようで、車の座面をもつ手に力が入り揺さぶってました」とその時の様子を涙ながらに妻は話す。

次の日より妻は毎日面会に来る。「お父さん、おはよ」と声をかけるも本人は無表情で、時折「あー」と声を出す場面も見られる。妻自身、夫の病気を受け入れることができておらず、手厚い介護により病状が回復することを求めていた。在宅介護に限界を感じながらも、家で一緒に暮らしを続けることができなかった哀しみ、夫への罪悪感などさまざまな感情を抱えていた。話をしながらたびたび涙ぐむ姿があり、「私がお父さんの顔を見たら安心するから来るのです」と妻は言う。

▷ 10月

介護認定調査で要介護2→要介護3に変更。

体力の低下や病状進行による移動能力の低下がある。室内での歩行は見守りのなか移動可能であるが、ふらつきや膝折れなど疲れが見られたら休憩を促す。

▷ 11月以降

日々の暮らしの中で本人の生活リズムができる。職員からの声かけにOKの時は手でマルをつくり、NOであれば両手を振る意思表示をする。また自分の思い通りにならないときは音を立てたり、声を上げて反応を示す。本人から伝えたいことがあれば、職員に近づいたり紙に単語を書いて渡すこともある。

当初はコミュニケーションの取り方がわからず、対応の仕方に戸惑いがあったが、こまめなやりとりの中で、少しずつ本人との距離が縮まっていく。本人にも行動に落ち着きが見られ、笑顔を表出するようになる。このことを妻に話すと嬉し涙を流し、「病気をしてから笑うことがなかった」と話され、子ども等に報告をしていた。

夫がこのような状態になってしまったのに自分だけ楽しい暮らしをしてはいけないと感じており、友人との付き合いは断ち切り、現在の夫のことは家族以外誰にも知らない。

▷翌年4月

夜間、居室内で放尿する行為が出てきた。以前と排尿回数、水分摂取量は変わりなく、尿意があるときは自身でトイレに行っていた。放尿を発見したらその都度、本人とトイレの場所を確認する対応をとっていた。2週間ほど経過すると放尿行為はなくなる。

本人の現状をこまめに家族に報告し、情報共有を行なう。入居当初と比べ、少しずつ受け入れ態勢ができ面会回数が週2〜3回と減少した。病院を受診の際は職員が同行し、医師に日常の様子を

報告するとともに、本人の現状を家族と同じ理解がもてる対応をとる。

▷8月

　排尿回数が増え、放尿、夜間不眠と度重なる行為が見られる。排泄のパターンや本人に影響を与えている内容を得るために「認知症の人のためのケアマネジメント センター方式」の「D-3焦点情報」を使用する。2週間のアセスメント結果より、日中の排泄回数は変わりないが夜勤者が一人になった時間帯に集中していた。またトイレに行くも壁に向かって放尿したり、職員を叩く行為、大声を出してリビングを歩く行為があった。しかしこのような行為は夜勤者によりバラつきがあることがわかり、統一した対応をとるよう改善する。

　家族は他の利用者、職員に迷惑をかけ、このままでは退居せざるを得ないという不安をもつ。かかりつけの精神科Ｊ病院を本人、妻、長女、ケアマネジャーで受診する。また夜間時に興奮が治まらないようであれば長女が駆けつけるので連絡して欲しいと話す。

▶Ⅵ 考察

　認知症介護は、本人がその後の人生をどう生きるかということと共に、それを支える家族がどう暮らしていくがという問題です。それは、家族にとっては精神的な悲しみと暮らしていく辛さを同時に抱えることになります。介護の個別化は本人だけでなく、家族に対する個別の支援が必要となります。本人との歴史的なつながりをもっているからこそ抱える悩み、悲しみ、不安・・・。そのような辛さをこの家族固有のものと捉え、個別に対応していかなければなりません。

演習 ① 　　　　　　　　　　個人で考えよう

☆ポイント

▶①この事例を読んだ感想を書きましょう。

▶②この事例を理解した上で、あなたなら、どのような支援を考えますか。

演習② グループで意見交換しよう

☆ポイント

▶①グループをつくり、ブレーンストーミング法を活用して、話し合ってみましょう。

▶②各グループでの話し合いの結果をまとめて、シェアリングしましょう。

演習 ③　　　　　　　この事例をよりよく分析してみよう

☆ポイント

▶①この事例の場合、どのようなチームケアが考えられるでしょうか。

▶②この事例の終結としては、例えば、どのようなことがより一層、望ましいでしょうか。

振り返りシート

☆ポイント

▶①この事例から、あなたはどのようなことを学びましたか。

▶②演習を通して、難しかったことや、今後に活かすために、どのような学習のポイントが考えられましたか。

▶③この演習のポイント、ねらいは、理解できましたか。

氏　名	学籍番号	講義名

9 看取り：（在宅編 / 在宅支援サービス）

学びのポイント

①どのように看取りを支援するかを考える。
②本人、家族を支えるチームケアを理解する。

学びの基礎知識

　『看取り』とは、近い将来、死が避けられないとされた人に対し、身体的苦痛や精神的苦痛を緩和・軽減するとともに、人生の最後まで尊厳ある生活を支援することです。

　死を待つケアではなく、死まで自分らしく生きる。またいずれ来る死に向かい合いながら、一日一日をどう生きるのか、どのような生き方をするのかという "今を生きる" ことへの援助が介護職には求められます。

　看取りを支援するにあたり、生と死をどのように考えていくと良いでしょうか。日本では死に対して、背を向けたり、縁起が悪いという暗いイメージをもっています。しかし人は死に向き合うことで、自分がいかに老い、死んでいくかという安定した死生観をもち、生き抜いていこうとします。初めての看取り、かかわりの深い利用者の看取り、その場に立ち会った看取り・・・。本人、家族の心に寄り添うことで利用者から教わり、看取りのケアの質を向上させていきます。

考える事例

　日本の人口は人口減少局面を迎えており、2060年には総人口9,000万人を割り込み、高齢化率は40％近くになると推測され、少子高齢 "多死" 社会の到来だと言われています。

　「畳の上で死ぬ」と言う言葉がありますが、多くの人は住み慣れた自宅で、家族に看取られながら逝くことを望んでいると思われます。

　「治る見込みがない病気になった場合、どこで最期を迎えたいか」というアンケートについて、「自宅」が54.6％で最も高く、「病院などの医療施設」が27.7％、「特別養護老人ホームなどの福祉施設」は4.5％となっています。（H24 高齢の健康に関する意識調査より）

　しかし現実では、「病院」が76.4％、「老人ホーム」が6.3％、「介護老人保健施設」が2.3％、「診療所」2％、その他が2.1％が死亡場所となっています。（H27 人口動態系統より）

　利用者・家族にはさまざまな状況や事情があり、その望みはかなえにくい現実があります。問題は「病院か自宅か」ではなく、「満足のいく最期」とは何かを考えることではないでしょうか・・・。

事例 【タイトル：穏やかな最期を迎えたい女性】

▶Ⅰ 事例の状況

S氏は2年前より徐々に機能が低下し、同居している長男夫婦の介護を受けながら自宅で生活を送っています。現在終末期に入り入退院をくり返していますが、これ以上延命治療はせずに本人の自然な形で看取りたいと、家族は望んでいます。

▶Ⅱ この事例で課題と感じている点

同居している長男夫婦は共働きであるため、日中は介護者が不在です。そのため、介護保険サービスの訪問介護、訪問看護を利用しながらS氏の看取り介護を継続しています。現在の家族の生活を継続しながら、本人が慣れ親しんだ自宅で最期を迎えるためにはチームケアが最も重要となります。

▶Ⅲ キーワード

家族　　チームケア　　看取る

▶Ⅳ 事例概要

［年齢］　90歳

［性別］　女性

［職歴］　事務の仕事

［家族構成］

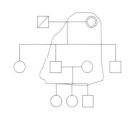

［要介護状態区分］　要介護5

［認知症高齢者の日常生活自立度］　自立

［既往歴］　C型肝炎（60歳頃）

［現病］　甲状腺機能低下、腎機能低下、糖尿病（軽度）

［服用薬］　レボチロキシン、フロセミド、メコバラミン

［コミュニケーション］　ゆっくりとやや大きい声での会話できる。話をするより聞く方が好き。

［性格・気質］　意志が強い、冷静

［ADL］　左手でスプーンを持って食事、ストロー付マグで水分を摂る。

[障害高齢者の日常生活自立度]　C
[生きがい・趣味]　ひ孫の成長を楽しみにしている。

[生活歴]

　昭和 3 年、4 人兄弟の長女として生まれる。21 歳のときに結婚し、その後子ども 3 人に恵まれる。夫が 42 歳のときに病死し、事務の仕事をしながら実母の介護をしていた。退職後は老人大学、町内の長寿会の活動を行なったりと老後を穏やかに過ごす。長男家族と同居していたため孫らと毎日にぎやかな日々を送り、現在はひ孫が成長するのを楽しみにしている。

[人間関係]

　口下手なため自分から話をするよりは聴き手でいる方が好きである。退職後は外に出ることは減り、友人や会社の OB 会との付き合いもなく、自宅に訪問してきた人と話をしたり、電話で話をする程度である。

[本人の意向]　家族に迷惑をかけずに、最期を迎えたい。
[事例の発生場所]　自宅

▶Ⅴ 支援の経過

　食事は要介助での摂取であり、家族がミキサーにかけた食事を提供している。摂取量少なく、水分摂取も進まないため脱水症状が見られる。同居している長男夫婦は平日不在のため、介護保険サービスを利用して居宅療養管理指導では週 1 回の往診、訪問看護では毎日の点滴、訪問介護では平日昼の食事介助、排泄介助を行なっている。そのため各サービスとの伝達は連絡ノートを利用し、家族⇔サービススタッフと情報共有をする。

　例）6/3

　　訪問介護

　　　・豆腐は出汁も全部召し上がられました。おかゆは「いらない」と一度も口をつけておられません。

　　　「お茶が一番」と言われ、お口直しにお茶を 2 口飲みました。

　　訪問看護

　　　・血圧 106/60、脈拍 68、体温 35.5 度、spo₂98

　　　・訪問時、傾眠状態でした。点滴トラブルなく終了しました。背中の痛みが少し減っているため、バスタオルを外しました。

　　　　⇕

　　家族（長男の嫁）

　　　・昨晩、ドリンクを 100ml 自分で飲んでいました。朝食はおかゆ 2、煮奴 4、桃缶 2 スプーンを摂取。

　要介護状態のベッド上で過ごす生活となり1年半経過する。食事量に波は見られるも口から摂取でき、その他の栄養補給として経口栄養剤で補っている。水分摂取量が少なくなり脱水が見られると点滴を行ない、状況によっては入退院をくり返しながら自宅生活を送っている。寝たきりで全介助を要するため常時介護は必要であるが、介護保険サービスを利用する事で家族は今の生活を継続できている。本人の変化に対応できるよう、職場に状況を伝えいつでも対応可能な状態にしている。また同市内に住んでいる子どもと連絡を取り合い、家族内で協力しあってS氏の介護を献身的に行なっている。

7月

　目を閉じる時間が徐々に増えてきた。周囲が声をかけるとその時はしっかり返答はされるも、しばらくするとウトウトしてテレビを観ることがなくなる。

　足の浮腫がありS氏も痛みを訴え、連絡ノートで家族と他サービススタッフに伝言する。微熱が見られ、熱中症と脱水症状のため点滴で様子を観察することになった。

8月

　食事量が落ちてきて、飲み込むことが難しくなった。「もういい、飲み込みにくい、果物食べない」と言い、舌触りのいい食材のみ摂取する。スポーツドリンクや栄養経口剤は比較的よく飲み、調子の良い時は自分でマグカップを手に取る時もある。表情に活気がなくなり、傾眠状態が強くなってきた。

9月9日

　口に入れたものを飲み込むまでに時間がかかり、口からこぼしてしまう。ほとんど口から食べることは無くなり水分補給だけを行なうも、昼食時は30分程で50mlと少ない。

　看護師より今後、様態が日々変化してくることを家族に伝える。

同11日

　体温38度と熱感あり、アイスノンを当てる。

同12日

　訪問時、傾眠しており体位交換を行なうと、体の痛みを訴える。

　吸い飲みで水分補給を行なう。排尿は中量、排便はピンポン玉1個分あり。

9月17日

　痰が喉につまりゴロゴロと音がするため、数日前よりたん吸引が行なわれる。訪問看護により検温38度、聴診器で異変が見られ、誤嚥による肺炎を起こした可能性があると判断し、かかりつけの病院に入院し抗生物質投与。無呼吸アラームが頻繁に鳴り浅い呼吸となるが、声かけに反応はある。

9月22日

　たん吸引中に出血が見られ、モニター数値が不良。様態が変化するため頻回に家族へ連絡が入る。医師よりそろそろ山場を迎えると伝えられる。

9月23日

　午前中に孫とひ孫が面会に来て、声をかけると薄っすら目を開けて「うーーん」と声を出す。呼吸は口を動かしながら荒い。

　そして同日、家族に見守られながら旅立たれる。

▶Ⅵ 考察

　終末期は24時間ケアを要する場面もあり、家族だけでは厳しい状況もあります。また余命が規定可能なものもあれば、出口が見えず介護する家族に限界が生じる場合もあります。

　看取りの基本は、①主役は本人と家族である、②本人と家族のこれまでの生き方に敬意を払う、③　一人の人格をもった人である　ことです。

　死にゆく本人にも家族にも、そしてそこにかかわる職員にもそれぞれの「物語」があります。本人が死の現実と向き合い、静かに旅立つ姿に周囲が恵みを受け取り、敬意をもった看取りができてこそ、本人・家族・かかわる職員それぞれの「物語」がよい形で閉じられていきます。

演 習 1 　　　　　　　　　　　　個人で考えよう

☆ポイント

▶①この事例を読んだ感想を書きましょう。

▶②この事例を理解した上で、あなたなら、どのような支援を考えますか。

（演）（習）②　　　　　　　　　グループで意見交換しよう

☆ポイント

▶①グループをつくり、ブレーンストーミング法を活用して、話し合ってみましょう。

▶②各グループでの話し合いの結果をまとめて、シェアリングしましょう。

この事例をよりよく分析してみよう

▶①この事例の場合、どのようなチームケアが考えられるでしょうか。

▶②この事例の終結としては、例えば、どのようなことがより一層、望ましいでしょうか。


```
┌─────────────────────────────────────────────────────┐
│                 振 り 返 り シ ー ト              ＞
└─────────────────────────────────────────────────────┘
```

☆ポイント
　　　超高齢社会を突き進む日本にとって認知症は最重要課題の一つとなっているため、
　　みんなで守る社会をめざすことが求められます。

▶①この事例から、あなたはどのようなことを学びましたか。

▶②演習を通して、難しかったことや、今後に活かすために、どのような学習のポイントが考えら
　れましたか。

▶③この演習のポイント、ねらいは、理解できましたか。

氏 名	学 籍 番 号	講 義 名

10　障がい者支援：（在宅編／作業所）

学びのポイント

①支援者の価値観、感情に偏った関り

②支援者の経験則だけに頼った利用者の人格や環境のラベリング

学びの基礎知識

　施設職員が専門職として、利用者を支援していくのには、まず「ラポール形成」が不可欠であり、そのためには適切な他者理解が必要です。

　他者理解ができないために利用者からの信頼が得られず、一向に支援が進まないこともありえます。自己やその価値観などについて理解を深め、それを受容し明確に認識すること。すなわち「自己覚知」です。自己覚知が何故必要なのか？

①利用者の価値観と支援者の価値観は区別しなければいけない。

②利用者の誤った価値観（反社会的、自傷他害の恐れ）を問題にしなければならない時もある。 この時に支援者が明確な価値基準を堅持していなければ支援ができない。

③価値の葛藤が生じたときでも、何が優先されるべきか、価値基準を明白にしていれば混乱を避けることができる。

　「自己覚知」を怠ったまま支援を行なうことで、偏った価値観や先入観による対応がなされたり、利用者の権利を侵害することになりかねず、結果的に信頼関係の形成が困難になり、利用者に対して感情的になって冷静な判断ができなくなってしまうことや、極端な場合には利用者に対立的な感情を抱き、虐待に発展する可能性も否定できません。

考える事例

①自己覚知をして自己理解を深めることで、自分のおかれている状態や、他者との人間関係、自分の行動、これからとるべき行動などについて、適切な認識と判断が行なえるようになる。

②支援の実践において利用者への共感的理解を深め、あるがままに受け止めること、すなわち受容ができるようになる。

③利用者との信頼関係を築き、援助内容を豊かにするだけでなく、支援者自身が自分のレベルを知り、自分の支援に関する知識・機能・価値について深めることが大切であると考える。

事例　【タイトル：支援者の思い込み】

▶Ⅰ 事例の状況

　支援学校からは、ダウン症特有のこだわりが見られ、初めてすることや初めて行く場所に対する不安が強い。場面の切り替えをすることが難しい。自分が注意されることや周囲の人が怒られている状況を目にするのが苦手で、その際には机に手を打ちつけるといった自傷行為も見られるといったことなどが引き継ぎとしてあった。

　事前の実習で作業体験をした時は、ずっと片手にハンカチを持っておられ、そのハンカチで落としては拾うことをくり返す、あるいは上靴をわざと脱いでは履きなおすことをくり返すなど、全く作業には向かうことができなかった。

　入所されてからは、意外と早く作業所に馴染んだ様子で楽しくすごされていたが、作業（主にフックや蝶番などの部品をケースに入れてフタを閉める作業）に関しては、なかなか取り組むことができなかった。次第に職員の間で直美さんには作業は難しい、作業は嫌いであろうという雰囲気が　広まり、結果的に作業をしてもらう機会自体が減っていった。

▶Ⅱ この事例で課題と感じている点

　支援学校からの引継ぎと、体験実習より支援者側の判断や思い込みあった。

　また、気分的に落ち込んでしまうと、自傷行為に至る可能性をするため、ストレスなく楽しく過ごしてもらうのが、最良ではないかという考えで接してしまっていた。

▶Ⅲ キーワード

| 自己覚知 | 他者理解 | 障がい者支援 | 思い込み | 価値観 | 先入観 |

▶Ⅳ 事例概要

[年齢]　24 歳

[性別]　女性

[職歴]　支援学校卒業後、市内の作業所（通所施設）に入所

[家族構成]　両親 姉

[療育手帳]　A

[障害区分]　5

[障害・疾病]　ダウン症 知的障害 甲状腺機能低下病、
　　　　　　　鉄欠乏性貧血、低蛋白血症、粘膜下口蓋裂、斜視

[コミュニケーション]　単語で話す事ができるが、身振り、手振りが中心

[性格・気質]　人懐っこい 楽しい時は大笑いし、周囲の人から好かれるタイプ 自傷行為あり

[ADL]　おおむね自立（細かい事は難しいので介助が必要）

［生活歴］

家族は両親と姉の4人暮らし。

3年前に、他界した祖母を中心として、家族は彼女の障がいをよく理解して大切に育てられてきた。

［人間関係］

送迎バスで、通所しているがお迎えはヘルパーである。家族が帰宅する6時ごろまでは、ヘルパーとおやつを食べ、入浴を済ませ、家族の帰りを待つ。新しい、ヘルパーには慣れるまで時間がかかり、バスを降りたらその場に座り込んでしまったり、入浴を拒むこともあると聞いている。

生まれた時から、同じところに住んでいるため、近隣の方は障がいをよく理解してくれている様で、とても暖かく見守られている。

施設内の、利用者との関係は良好。男性を怖がると聞いていたが、優しい人とわかると、自分から寄って行き甘える。

休日は、家族と過ごしている。

［本人の意向］　毎日楽しく過ごしたい

［事例の発生場所］　障がい者通所施設

▶V 支援の経過

施設を休むことなく楽しく通っていたが、ハンカチをずっと片手に持っていることは支援学校時代と相変わらなかった。

好きな音楽を聞いたり、おもちゃで遊んですごすだけの日が続いていたため、何かできることが増やしていけないか、ということを改めて職員間で話し合った。午前中の決まった時間は、作業に取り組んでもらう時間を設定して試してみようということになった。

まずは、職員が一対一でついて、目の前にケースを並べ、部品を入れていく様子を見てもらい、ケースのフタを閉めてもらうことから始めた。

初めはうつむいているだけだったが、職員の声かけに応じてハンカチを持っていない方の手で、フタを押さえて閉めてくれるようになった。次の段階として、ケースを並べると共に、ケースに入れる部品を、必要な個数分、彼女の目の前に置いて、それを入れてフタを閉めるということをしてもらうようにした。そして、それができたら「できたね！ヤッター」と彼女の気持ちが盛り上がって、達成感と喜びにつながるような声かけを意識的に行なうようにした。

すると、徐々にではあるが目の前に作業の準備がされたら、何も声をかけなくてもなんとなく自分で作業を始めるようになり、できた時はガッツポーズをして身振り手振りで喜ぶ姿も見せてくれるようになった。その後、ケースに部品を入れた完成品を別の箱に、5個ずつ入れていく作業にも

挑戦してもらい、そちらの方は、かなり気に入ってくれたようで、積極的にしてくれるようになった。

こだわりで持ち続けていたハンカチについても、ポケットに入れてもらうようにするところから始め、その次はカバンになおしてもらうようにすすめていくと、ハンカチがなくても気にせずに1日過ごすことができるようになった。そして、施設だけではなく家族と出かける時にも必ず持っていたハンカチを、今では全く必要とする事がなくなり、家族も本人の変化に驚嘆した。

▶Ⅵ 考察

この事例において、実習時の様子や支援学校の引き継ぎから「かなり重度の障害で、物事を理解するのが困難なため、作業を日常的に取り組む事は、できないだろうし、作業自体も好きではないだろう」という職員側の判断、思い込みがあった。また、気分的に落ち込んでしまうと自傷行為に、至る可能性もあるため、ストレスなく楽しくすごしてもらうのが最良ではないかという考えで関わってしまっていた。

「自己覚知」は、利用者と信頼関係を築いていく際の基礎となるものであり、自己覚知を深めることは、利用者の問題に自らの「価値観」や「感情」を持ち込まないように、それらを意識的にコントロールして、利用者をより深く理解したり共感したりしていくための不可欠な活動であると言える。そこから利用者の生活問題や課題の改善や解消に結びつき、生活の質の向上や本人の可能性を広げていくことにつながっていくことができると考える。

そして、対人援助において、支援者と利用者との信頼関係は必要不可欠である。その信頼関係があるからこそ支援者は利用者からさまざまなことを聞き出したり、関わっていく中で、援助を行なっていくことができる。

利用者の個別性を軽視して、単にわがままとか自分勝手と一方的に判断されることは、自己決定や主体性をも奪われる危険性を意味するものではないだろうか。さらに、こうした支援者の感情や価値観、倫理観に起因する一方的な判断は、援助関係の破綻を招く可能性をも孕んでいる。

自己覚知をして自己理解を深めることで、自分のおかれている状態や、他者との人間関係、自分の行動、これからとるべき行動などについて、適切な認識と判断が行なえるようになる。また、支援の実践において利用者への共感的理解を深め、あるがままに受け止めること、すなわち受容ができるようになる。そして、利用者との信頼関係を築き、援助内容を豊かにするだけでなく、支援者自身が自分のレベルを知り、自分の支援に関する知識・機能・価値について深めることが大切である。

演習①　　　　　　　　　　　個人で考えよう

☆ポイント

▶①この事例を読んだ感想を書きましょう。

▶②この事例を理解した上で、あなたなら、どのような支援を考えますか。

演(習)②　　　　　　　　　　グループで意見交換しよう

☆ポイント

▶①グループをつくり、ブレーンストーミング法を活用して、話し合ってみましょう。

▶②各グループでの話し合いの結果をまとめて、シェアリングしましょう。

演習③　　　　　　　　　　この事例をよりよく分析してみよう

☆ポイント

▶①この事例の場合、どのようなチームケアが考えられるでしょうか。

▶②この事例の終結としては、例えば、どのようなことがより一層、望ましいでしょうか。

振り返りシート

☆ポイント

▶①この事例から、あなたはどのようなことを学びましたか。

▶②演習を通して、難しかったことや、今後に活かすために、どのような学習のポイントが考えられましたか。

▶③この演習のポイント、ねらいは、理解できましたか。

氏　名	学　籍　番　号	講　義　名

《編著者》

畠中　義久（はたなか　よしひさ）

　　　　　　　一般社団法人　たなごころ　理事長

　　　　　　　相談支援専門員、児童発達支援管理責任者、サービス提供責任者、統括管理者

　　　　　　　国立大学法人　大阪教育大学　大学院　教育学研究科　修了（学術修士）

　　　　　　　社会福祉士、学校・臨床心理士、公認心理師、救命救急士、運動療法士

　　　　　　　学習療法士（認知症、及び発達障がい児者に対する予防・改善療法）

　　　現在　　文部科学省・厚生労働省・内閣府の委嘱事業にて、実務家大学教員養成講座にて全科目
　　　　　　　教鞭指導（社会福祉学領域、心理学領域、教育学領域、医学看護学領域、）及び、大学
　　　　　　　院論文作成を教授・指導

　　　著書　　「児童福祉施設におけるソーシャルワーカーのバーンアウト予防」単著
　　　　　　　三学出版、2013年／「対人援助職のための「相談援助支援ワークブック」編著
　　　　　　　ミネルヴァ書房、2015年／「対人援助職における「実習ガイドブック」〜その理論と
　　　　　　　実際〜」編著、建帛社、2015年／「社会的養護内容総論」編著　同文書院、2014年

　　　受賞　　「岡村重夫賞」2回受賞、松島賞4回受賞

《監修者》

阿部志郎（あべ　しろう）

　　　神奈川県立　保健福祉大学　名誉学長

　　　社会福祉法人　横須賀基督教 社会館　会長

【略歴】

1926（大正15）年　東京都生まれ

東京商科大学（現：国立大学法人　一橋大学）卒業、

米国 ユニオン神学 大学院 留学

明治学院大学助教授を経て、1957（昭和32）年より、横須賀基督教社会館館長に就任。2007（平成19）年4月より、会長。

日本ソーシャルワーカー協会会長、日本社会福祉学会会長、国際社会福祉協議会副会長、東京女子大学理事長などを歴任。

2003（平成15）年より、神奈川県立保健福祉大学初代学長に就任。

2007（平成19）年4月より、名誉学長。

【主な著書】

「地域福祉の思想と実践」海声社、1986年／「ボランタリズム」海声社、1988年

「福祉の哲学」誠信書房、1997年／「社会福祉の国際比較」有斐閣、2000年／

『「キリスト教と社会福祉」の戦後』海声社、2001年／「地域福祉のこころ」コイノニア社、2004年／「社会福祉の思想と実践」中央法規、2011年

介護過程（対人援助職）のワークブック　　　－理論と実践－

2020 年 1 月 20 日　初版　第 1 刷　発行　　　　　　　　　　定価はカバーに表示しています。

編　者　　畠中義久
発行所　　（株）あいり出版
　　　　　〒 600-8436　京都市下京区室町通松原下る
　　　　　　　　　　　　元両替町 259-1　ベラジオ五条烏丸 305
　　　　　電話／FAX　075-344-4505　http://airpub.jp/
発行者　　石黒憲一
印刷／製本　モリモト印刷（株）

ⓒ 2020　ISBN978-4-86555-072-6　C3036　Printed in Japan